EL G.S.M.
EL GRAN SECRETO DE LA MOTIVACIÓN

Michael Leboeuf

Edición modificada y adaptada por

Paco Muro

El
G.S.M.

El Gran Secreto de la Motivación

EMPRESA ACTIVA

Argentina - Chile - Colombia - España
Estados Unidos - México - Uruguay - Venezuela

© 2009 *by* Michael Leboeuf y Francisco Muro
© 2009 *by* Ediciones Urano, S.A.
   Aribau, 142, pral. – 08036 Barcelona
   www.empresaactiva.com
   www.edicionesurano.com

ISBN: 978-84-92452-24-8
Depósito legal: B. 8.914 - 2009

Fotocomposición: Ediciones Urano, S.A.
Impreso por Romanyà Valls, S.A. – Verdaguer, 1
   08786 Capellades (Barcelona)

Impreso en España - *Printed in Spain*

Índice

Índice

Prólogo

Me he leído con mucho interés el libro de Michael Leboeuf y Paco Muro que usted tiene en sus manos.

De entrada he de decir que me ha parecido muy interesante, ameno y, sobre todo, útil. He de confesarle que no me ha extrañado, conociendo, como conozco desde hace años, la profesionalidad y la personalidad de mi amigo Paco Muro.

El libro nos da pautas muy prácticas de cómo poner la motivación al servicio de los resultados y la eficiencia en la gestión.

Me ha parecido un destilado muy interesante de una línea de investigación teórica muy fructífera que existe en el mundo académico sobre la Teoría de Incentivos. Línea de investigación que tiene entre sus principales exponentes al profesor de la Universidad de Minnesota, Leo Hurwicz, Premio Nobel de Economía del año 2007.

Pero, como decía, éste es un manual práctico de incentivos (de recompensas, en la terminología del libro) de muy fácil lectura que, con toda seguridad, le dará unas pautas, que no unas recetas mágicas, para gestionar a las personas que le rodean (a sus colaboradores, pero también a sus jefes) de forma que puedan dar lo mejor de ellos mismos.

El libro es además honesto, en la medida que no vende «recetas mágicas» infalibles. En este sentido, hace una llamada de atención en el sentido que, independientemente del sistema de recompensas establecido, siempre hay personas que trabajan muy bien y otras que lo hacen mal. Esto es así porque, evidentemente, el rendimiento de las personas depende del sistema establecido de incentivos, pero también de otros factores de índole personal sobre los cuales es mucho más difícil influir desde la empresa o la acción directiva. Pero la puesta en funcionamiento de un sistema de recompensas coherente con los objetivos perseguidos por la empresa es condición necesaria para la buena gestión de las personas.

El libro me ha gustado también porque me ha parecido que, de algún modo, transciende el ámbito de la gestión y entra en el estadio superior, que es el liderazgo. En el libro se dice: «*Dirigir no es mandar a la gente, sino conducirla al éxito*». Esta frase une las palabras «dirección» y «conducción» y para mí esta combinación implica liderazgo. Y el liderazgo exige muchas cosas, pero una muy en particular: la capacidad de generar emociones, es decir, de motivar. Etimológicamente, el término emoción viene del latín *ex-motionis*, es decir, mover hacia fuera; es, por tanto, el impulso que mueve a la acción. Por ello, estoy seguro que este libro, *El Gran Secreto de la Motivación*, le servirá de impulso para la acción. En mi caso ha funcionado, y muy bien.

ADOLF TODÓ
Director de Caixa Catalunya, profesor de ESADE

Agradecimientos

Dedicado especialmente a Michael Leboeuf, por ser capaz de plasmar por escrito esta idea tan clara, a todos mis clientes que tantas satisfacciones nos han dado permitiendo que les ayudemos a mejorar, a mis socios y a los profesionales que conforman mi empresa, a mis lectores de todo el mundo por todo el apoyo que recibo de ellos que me recompensa sobradamente el esfuerzo de escribir cada libro, a mi gran familia, mi mujer, mis hijos, mis padres, hermanos, cuñados, suegros, primos, tíos y amigos, y a mis abuelos, que ya no están con nosotros, por tantas recompensas como me han dado; y a nuestro perro *Kiko*, que falleció recientemente, por todo el cariño y la alegría que siempre nos dio sin esperar a cambio más recompensa que unas caricias. Gracias a todos por acompañarme en la vida.

PACO MURO

Introducción

¿Se parece a esto el lugar en el que trabaja?

Quizá la empresa donde usted trabaja no aplica el Gran Secreto de la Motivación de personas (GSM). Averígüelo rellenando este sencillo test. Son veinte preguntas en relación con su empresa, con su jefe y con usted mismo, a las que debe contestar SÍ o NO. Conteste con rapidez, porque funciona mejor si se basa en su primera impresión.

Test sobre la alta direccion de la empresa

1. ¿Están mucho más interesados en el beneficio inmediato que en la prosperidad a largo plazo?
2. ¿Consiguen que la gente se mueva mucho, pero no que hagan muchas cosas?
3. ¿Desincentivan el espíritu de iniciativa, al castigar a los que se equivocan por haber arriesgado?
4. ¿Opinan que las cosas deben hacerse como siempre se han hecho en la empresa?
5. ¿Pagan sueldos más altos, a igualdad de categoría, a los que acaban de entrar o a los que amenazan con marcharse?
6. ¿Tienen favoritismos a la hora de los aumentos, ascensos o asignación de tareas?
7. ¿Se concede más presupuesto y más medios a los que más gastan, y se los recortan a los que no se gastan el presupuesto asignado?
8. ¿Son incapaces de tomar decisiones rápidas o de implantar

cambios rápidos por culpa de una montaña de papeleos, reuniones, consensos y normas?

9. ¿Hablan mucho de la importancia de las personas, pero no paran de reducir costes echando a gente o prejubilando por decreto?

10. ¿Les cuesta que se trabaje en equipo porque incentivan la «departamentitis?»

Test sobre su jefe directo

11. ¿Favorece a los que aparentan interés y actividad, antes que a quienes obtienen sus resultados calladamente?

12. ¿Trabaja demasiadas horas y se lleva trabajo a casa?

13. ¿Quiere siempre trabajo de calidad, y para «ayer»?

14. ¿No se acuerda de las veces que usted tuvo razón, o hizo especialmente bien algo, y sí de las que se equivocó?

15. ¿No entiende por qué la gente no se implica más y pone más interés en su trabajo?

Test sobre usted mismo

16. ¿Se siente como un tonto cuando trabaja mucho, porque lo que recibirá por ello como recompensa es poco o nada?

17. ¿Podría hacerlo mejor y en menos tiempo, pero prefiere no decir nada porque teme que si lo hace consideren que sobra, o le endosarían más trabajo?

18. ¿Tiene montones de ideas útiles para la organización, pero no piensa exponerlas porque no hay nadie que las escuche y en todo caso no ganaría nada bueno con ello?

19. ¿Tiene que mendigar mucho para conseguir lo que necesita, porque no hacen caso de los que cumplen con su trabajo sin meter ruido?

20. ¿A menudo se va a casa con la sensación de haber perdido el día con reuniones inútiles o papeleos innecesarios?

Cuente ahora el número de respuestas positivas:

De 0 a 3   ¡Excelente! Considérese afortunado, su empresa practica el GSM.

De 4 a 6   No está mal, pero aún se puede mejorar aplicando el GSM.

De 7 a 9   Síntomas claros de que se ha olvidado el GSM.

10 o más   Bienvenido al club. Su compañía ignora por completo el GSM.

Le invito ahora a compartir uno de los más grandes principios de la dirección de personas, el GSM, que se puede aplicar tanto en la empresa como en casa, con los amigos, hijos, y en todo entorno en el que desee influir mejor en los demás.

Primera parte:

FUNDAMENTOS

El Gran Secreto de la Motivación

Está claro que nuestras organizaciones necesitan mejores resultados. Todos tenemos que poner lo mejor de nosotros para seguir estando en este mundo competitivo, que no perdona la mediocridad. En el fondo, ¿qué es lo que va mal en la mayoría de las empresas? La respuesta es insultantemente sencilla:

Hace falta utilizar mejor los recursos y las ideas, y ser todos juntos más eficaces. Muchas empresas no hacen las cosas apropiadamente, y algunas, por lo que se ve, ni siquiera están haciendo las cosas apropiadas.

Lo cual conduce a una pregunta más fundamental: ¿Por qué se comportan de esta manera si es tan obvio?

La revelación

«Un pescador estaba mirando por la borda de su barca, y vio una serpiente que llevaba en su boca una rana que acababa de atrapar. Al pescador le dio pena la rana y para liberarla le dio a la serpiente unas gotas del aguardiente que llevaba en su bolsa. Ésta soltó a su presa para lamer el líquido ofrecido y el pescador, complacido, vio cómo escapaba la rana. La serpiente se marchó satisfecha, pero al cabo de un rato el pescador sintió unos golpecitos en el costado de su barca y se asomó otra vez a mirar, y cuál no sería su asombro al ver que era la misma serpiente... ¡pero esta vez con dos ranas entre los dientes!»

Esta fábula contiene dos lecciones importantes:

1. Recompensar algo provoca mayor cantidad de la conducta recompensada. Es decir, que no se obtiene lo que uno deseaba o esperaba, sino **exactamente lo que usted había recompensado**. Pase lo que pase, cada uno actúa siempre con arreglo a lo que más le beneficia.
2. Incluso al tratar de hacer las cosas bien, es fácil recompensar la actividad que uno no deseaba e incluso castigar la adecuada, y luego nos sorprendemos de obtener más de lo incorrecto.

Esto nos lleva a definir ya el Gran Secreto de la Motivación de personas:

Sólo se hacen con verdadera implicación aquellas cosas que nos deparan una buena recompensa.

Y el principal obstáculo para el éxito de las organizaciones es el gigantesco desbarajuste entre las conductas que se necesitarían y las recompensas que se dan. Por ejemplo:

Necesitamos directivos que tomen decisiones correctas para el largo plazo, pero les pagamos un variable importante basado en los beneficios a corto plazo, e incluso se les amenaza con despedirlos si los beneficios disminuyen. ¿Consecuencia?: que los directivos procuran que los números a corto salgan lo más «bonitos» posibles, y no se invierte en renovación, en nuevas apuestas, en formación, en I+D, etc., y las empresas acaban estancadas y pierden competitividad.

Necesitamos mandos intermedios que sepan gestionar los costes y simplificar las cosas, pero recompensamos con más presupuesto y más ayuda a los que más papeleo generan. Por el contrario, los mandos que mejor controlan los costes y no se gastan todo el presupuesto asignado, son castigados con un recorte de presupuesto para el año siguiente. ¿Resultado?: que todo el mundo se gasta el presupuesto, haga falta o no, por si acaso.

Necesitamos empleados de oficina que sepan entender la simplificación y la eficiencia, pero su seguridad en el empleo va directamente proporcional a la cantidad de papeleo que generen y esfuerzo que aparenten. ¿Consecuencia?: más papel y más ruido.

Necesitamos obreros que sean productivos y trabajen con calidad, pero no les pagamos para que produzcan más y mejor, sino por jornadas, y les aumentamos significativamente el salario sólo cuando protestan o hay huelgas, y no por mejorar la rentabilidad o los resultados. ¿Resultado?: que los obreros trabajan lo justo, para así garantizarse el empleo, y se oponen a los progresos técnicos y los cambios para probar mejoras.

En todos los casos, si los directivos, los mandos o los obreros se comportan incorrectamente no es por ignorancia, estupidez ni desidia. Se comportan tal como el sistema de recompensas existente les induce a portarse. Tanto es así que es muy posible que usted y yo, si estuviéramos en su lugar, haríamos lo mismo. Observe a su alrededor, y seguro que encontrará ejemplos de cómo el comportamiento correcto es ignorado, incluso castigado, mientras se premia y se alienta la conducta errónea. Vea, por ejemplo, si su organización:

- Necesita mejores resultados, pero premia a los que fingen estar más ocupados y se quedan más tiempo después de la jornada normal, mientras pone mala cara a los silenciosos que se van a su hora con el trabajo bien hecho.
- Exige calidad en el trabajo, pero fija unos plazos absurdos, pidiendo todo para ya.
- Reclama soluciones sólidas para los problemas, pero premia la chapuza rápida.
- Habla mucho de fidelidad a la empresa, pero no ofrece seguridad en el empleo y cuando hay un puesto para ascender a alguien, suele traer gente de fuera y pagando salarios más altos que a los que estaban.
- Necesita simplificación y eficacia, pero recompensa a los que complican los asuntos y multiplican las trivialidades.
- Quiere un ambiente de armonía pero favorece a los que más chillan o se quejan en vez de a los que cumplen y resuelven, de acuerdo con el principio de que «quien no llora no mama».
- Necesita colaboradores creativos y pide innovación, pero reprime a quienes osan discrepar y penaliza a los que asumen riesgos, recompensando a los que siguen las instrucciones y normas al pie de la letra.
- Habla mucho de economía, pero concede los mayores incrementos de recursos y presupuesto a los que se gastan todo, recortándoselo a los que han logrado controlar sus costes y han incrementando el negocio.

- Proclama el valor del trabajo en equipo, pero luego premia individualmente al que ha salido bien en los números finales y se olvida de los que ayudaron y participaron en el éxito, y de los que aun con mayor y mejor esfuerzo no lograron que sus cifras lucieran tanto, por partir de objetivos incorrectos.

Seguramente habrá contestado afirmativamente a varias de estas proposiciones, porque son los errores típicos en que incurren más comúnmente los sistemas de incentivos. A la recíproca, la mejor solución para mejorar las organizaciones consiste en establecer la relación adecuada entre el rendimiento y la recompensa. Cuando pensamos en el éxito de una empresa, la mayoría nos lo figuramos en forma de dinero, de beneficio, de incrementos, pero los datos sólo son meros símbolos y consecuencias del comportamiento colectivo de las personas que la integran.

Premie el comportamiento correcto y obtendrá los resultados correctos. Deje de hacerlo y lo más seguro es que obtenga resultados peores de lo que podrían haber sido. Ya que muchas veces los números salen aparentemente bien **a pesar de cómo se han hecho las cosas.** ¿Imagina lo que podrían haber sido si se hubieran hecho las cosas bien?

Esto ocurre con el GSM, pero ¿es tan sencillo?

La pregunta mágica

A medida que me hago mayor presto menos atención a lo que dicen los hombres. Prefiero fijarme en lo que hacen.

ANDREW CARNEGIE

La tutora del comedor del colegio se dirigió a los niños y les dijo:

—El que se levante de la mesa durante la comida se quedará sin postre.

—¿Y qué hay de postre, profesora? —preguntó Tony, uno de los niños.

—Hoy vamos a probar un pudin de pasas.

Tony escuchó con horror: odiaba ese plato. ¿Adivinan qué hizo de inmediato? Efectivamente, se levantó, dio una vuelta a la mesa y, para envidia de la mayoría de sus compañeros, logró que «le castigaran» a librarse de tomar aquel mejunje.

No se necesita ser doctor en psicología para entender por qué hizo Tony lo que hizo. Basta con hacerse la pregunta mágica:

¿Que estamos recompensando?

Los directivos, los trabajadores, los maestros, los padres, los políticos, los médicos, todos influimos de forma determinante en el comportamiento de los que están a nuestro alrededor, según el sistema de recompensas que aplicamos. Tony entendió cómo funcionaba ese sistema y, como es normal, lo puso en marcha para su provecho.

Los investigadores suelen encontrar estas respuestas a dos preguntas muy importantes acerca del trabajo:

¿Se dedican los trabajadores a ahorrar esfuerzos durante la jornada de trabajo y a rendir menos de lo que podrían rendir? RESPUESTA: Parece que mayoritariamente sí.

¿Acaso están en decadencia la honestidad, la capacidad y la inteligencia de los trabajadores?
RESPUESTA: Está visto que no.

Si la gente sigue teniendo fe en el valor y la importancia del trabajo estable y de calidad, ¿por qué no se muestran dispuestos a rendir de forma estable y con calidad? Hagamos la pregunta mágica: ¿qué estamos recompensando?, y tendremos la solución.

La gente ahorra sus mejores esfuerzos porque ven que la relación entre implicarse para hacer las cosas mejor y la compensación que reciben es poca o ninguna. Ese es un problema compartido por más de un 75% de la población. Como dijo una vez un profesional cualificado de una empresa:

«Hace un par de años descubrí que la diferencia entre partirme el lomo y tomarme las cosas con calma era después de impuestos, como mucho, de un 1,5% de mi salario. Por eso ahora, en vez de apuntar al máximo alcanzable, hago diana en el mínimo suficiente, con lo que al menos vivo más relajado.»

Eso de escatimar esfuerzos es un problema, pero no es más que la punta del iceberg. Si se compara la conducta que necesitaríamos con la que recompensamos, se revela con claridad el siguiente hecho: que en muchas de nuestras organizaciones abundan los incentivos negativos. O, dicho de otro modo, que hay infinidad de tentaciones y recompensas que orientan al comportamiento antiproductivo. Para ilustrarlo, contemplemos dos situaciones corrientes:

En la fábrica

Hace años unos directivos volvieron de visitar una empresa extranjera que incomprensiblemente les estaba haciendo una brutal competencia. Quedaron maravillados por la motivación, el entusiasmo y el interés que ponían aquellos obreros, y se preguntaron:

¿Por qué los nuestros no son así?

En esa «extraña» empresa, los obreros competentes tenían el puesto garantizado, nunca se había despedido a nadie por falta de pedidos. Cada uno tenía un 60% de su sueldo fijo, y el resto dependía de la productividad y la rentabilidad de la compañía. Si las cosas iban bien, todos participaban de la prosperidad. Si no iban bien, ganaban menos, pero todos cedían parte para que se conservaran los puestos de trabajo en los tiempos duros. Y su medio de vida no estaba amenazado por la llegada de nueva tecnología o mejoras de procesos. Si la automatización eliminaba puestos de trabajo, se reeducaba a los afectados para que pudieran hacer otras cosas, y todos estaban siempre abiertos y dispuestos a aprender y cambiar de función, incluso a reorientarse a labores comerciales o formativas, y así poder seguir disfrutando de su aportación a los beneficios. Por tanto, participaban gustosamente en hallar nuevos medios para que la empresa fuera más productiva y los productos mejoraran en calidad y coste, porque así crecía y generaba nuevos puestos y oportunidades, y además todos se hacían más ricos. En una palabra, todo recompensaba la mejora de la productividad.

En cambio, en la factoría de aquellos directivos, se trabajaba con un sistema de recompensas bien distinto. En primer lugar había poca o ninguna seguridad en el trabajo, y cuando las cosas se ponían difíciles enseguida se despedía a unos cuantos obreros y se forzaba sistemáticamente a la prejubilación a los mayores de cierta edad, es decir, a los que habían demostrado más lealtad y aportaban más experiencia. En segundo lugar, a la mayoría de ellos no se les paga según la calidad, cantidad y rentabilidad de lo que se haya fabricado o según lo que se haya vendido o ganado; se les paga principalmente por horas, dejando un pequeño bonus variable que muchos ni siquiera saben exactamente por qué se lo han llevado unos sí y otros no. Así pues, ¿reciben una buena recompensa por ser más productivos? Por lo general, no. Y casi siempre deben protestar, hacer huelga o recurrir a medidas antiproductivas para obtener un aumento de salario.

Por cuanto estos obreros carecían de seguridad en el empleo, las nuevas técnicas y las mejoras de procesos les parecían una clara amenaza para su medio de vida. Un robot o un simple ordenador eran posibles sustitutos suyos o de un compañero, ¡y no será un obrero el que dé una idea para ahorrar tiempo o simplificar un proceso, eso sería un suicidio! Sus incentivos consistían en producir lo mínimo aceptable para no perder el empleo, lograr condiciones restrictivas en los convenios, reclamar aumentos mediante la presión y oponerse a los cambios. ¿Por qué pasaba eso?, pues porque el sistema de recompensas les animaba a actuar así.

Ni que decir tiene que los obreros de la otra empresa consiguieron hacer los mismos productos en la mitad de horas y con menor coste, y la palabra absentismo les era simplemente desconocida. Los directivos, perplejos, vieron cómo su empresa acabó barrida del mercado por esa otra empresa que tenía una sorprendente «suerte».

En la oficina

Las dificultades de los centros de producción tienen un competidor feroz, agazapado en las oficinas, que es donde trabajamos una gran mayoría. Este enemigo se llama burocracia. Por más que la tecnología nos da más medios, más rapidez y más información, los intrincados caminos que encuentra cualquier acción, toda iniciativa y no digamos un cambio, acaba con la moral del más entusiasta. Por culpa de la burocracia, la enfermera pasa más tiempo llenando formularios que atendiendo a los enfermos. Los vendedores pierden infinidad de horas en rellenar partes para justificar las visitas, hacer informes, reuniones de control, someterse al programa informático, etc. Los directivos invierten más tiempo en sacar adelante los papeleos, leer y contestar correos electrónicos, asistir a reuniones inútiles, resolver conflictos originados por rencillas entre departamentos y apagar fuegos, en vez de concentrarse en atender a sus equipos y dirigir sus áreas. Existe una tendencia abrumadora a que en el conjunto de departamentos se creen trabajos mutuamente, pero sin hacer nada productivo. En alguna empresa es probable que todos tuvieran trabajo interno durante más de un año aunque no hubiera un solo pedido de un cliente en ese periodo. ¿Por qué? Una vez más la pregunta mágica: ¿Qué estamos recompensando?

Tenemos tantos papeleos, trabas y tareas innecesarias porque recompensamos a los que las originan. En consecuencia, la tentación de confundir actividad con productividad y de premiar el movimiento y el ruido, con independencia de su valor, es irresistible.

Los que están más horas en el trabajo (que no son necesariamente los que trabajan más), los que escriben informes más largos y con copia a más gente, y los que participan en más reuniones y comisiones, son mucho más visibles y, por tanto, tienen muchas más probabilidades de ser recompensados por su aparente actividad y esfuerzo que quienes simplemente dicen: «¿Por qué hacer todo esto, si no es necesario ya que bastaría con hacerlo directamente así?» El jefe de nivel medio que agota el presupuesto, asiste a innumerables reuniones con otras áreas y genera ingentes cantidades de informes y circulares, suele recibir un ascenso, incremento de presupuesto e incluso personal auxiliar necesario para poder dar cancha a tan colosal actividad. Por el contrario, otro de igual categoría que, sin meter tanta bulla, se limite a controlar sus costes, sacar el máximo partido a sus recursos, hacer su trabajo y reducir al mínimo las tareas sin valor, se expone a ser considerado menos dinámico y que se diga que no es proactivo.

Cuando una organización empiece a premiar a las hormiguitas, mirar mal a los que confunden presencia y movimiento con eficacia y rendimiento, y compensar a los que son capaces de lograr buenos resultados mientras se ganan el respeto y el aprecio de todos, es seguro que prosperará. Y el papeleo, por muy informatizado que esté, es como una bola de nieve, pues exige actividades incesantes que se acaban convirtiendo en «imprescindibles» por sí mismas. Todo el mundo se queja del exceso de papeleo y trabajo absurdo, pero mientras siga recibiendo su premio, siempre estará ahí.

El mundo empresarial no es el único que padece este desfase entre lo necesario y lo premiado. Podemos ver múltiples ejemplos a nuestro alrededor. En la política, en el hogar o en la enseñanza pública. ¿Cómo se les paga a los maestros ya sea de la escuela o de la universidad? Poco y con un nefasto sistema de recompensas. Igual que a un vendedor se le mide por las ventas que consigue, a un profesor se le debería medir por los alumnos que aprenden. Sin embargo no son premiados con arreglo a las calificaciones de sus alumnos, sino que se les paga un sueldo fijo, y no muy generoso, basado en la titulación, la antigüedad y otros criterios administrativos. Además la burocracia exige a los maestros que dediquen mucho tiempo al papeleo y menos a la enseñanza. ¿Resultado? Que un pésimo profesor puede cobrar más que otro más entregado a la causa y tener más derechos de elegir destino. De hecho cuando un entusiasta llega a este mundo, es apartado por los demás, ya que les deja en evidencia y ¿para qué hacer más por los niños o la institución, si la única recompensa será tener problemas con algunos padres o con la dirección? Incluso en algunas universidades se respeta especialmente a los catedráticos más duros, esos que suspenden cada año a un enorme porcentaje de alumnos, cuando lo natural sería despedirlos de inmediato por incompetentes. Y para ascender deben realizar tesis doctorales, aprobar oposiciones y publicar investigaciones, es decir, todo menos enseñar bien. Pero, ¿qué se les está recompensando? Trabajar lo justo, la dureza, la burocracia, el orientarse a su futuro personal y olvidarse de su verdadero cometido.

Conclusión

Eche una ojeada a nuestras organizaciones, al mundo que nos rodea, y haga la pregunta mágica. Es fácil comprender por qué los planes mejor concebidos se desvían de sus objetivos. O sea, que no es verdad que el problema fuese complejo. No es que los obreros sean perezosos, ni los oficinistas rebuscados, ni los dirigentes estén locos. Es nuestro sistema de recompensas lo que está desajustado, y necesita urgente arreglo. Como el pescador, a veces premiamos lo que no deberíamos, y como la serpiente, a veces nos premian por lo que no debíamos hacer.

Una última llamada de atención. No importa cuál sea el sistema de recompensas, siempre hay una serie de personas que trabajan brillantemente y otras que lo hacen todo mal. Y es que el rendimiento de las personas también depende de otros factores, como las aptitudes individuales, las necesidades, los valores y la vocación. Pero éstos son los factores sobre los que es muy difícil influir desde la organización o incluso para el propio directivo. El otro factor clave, que es el sistema de recompensas, sí puede ser controlado y mejorado, y la mayoría de las personas reaccionarán muy positivamente si se gestiona bien este aspecto.

La próxima vez que no entienda por qué las personas se comportan de determinada manera, hágase la pregunta mágica y verá cómo se enfoca enseguida la cuestión. Y cuando esté usted preparado para obtener mejores resultados aplicando el GSM, tendrá que plantearse la segunda pregunta mágica:

¿Qué es lo que deseo recompensar?

Segunda parte I:

LA ESTRATEGIA

Veamos ahora cuáles son los comportamientos más deseables en el terreno profesional. Le proponemos diez respuestas importantes. Ahora que ya está usted introducido en el GSM, vamos a exponer diez conductas que todo directivo debe premiar, y las diez conductas opuestas e indeseables que muchas veces en las empresas se tiende a recompensar.

Estrategia 1
Recompense las soluciones sólidas, no las chapuzas de urgencia

¿Qué diría usted si sacrificó una ventaja competitiva a largo plazo para que su división pudiera reflejar el beneficio pedido para ese ejercicio? Pues así ocurrió en el caso de Martin, jefe de división de una empresa.

A mediados de año, cuando Martin repasó los resultados, su primera reacción fue: «hace falta un milagro». Aquella misma mañana su jefe le había dicho que la dirección se estaba planteando una fuerte reestructuración que afectaría a las divisiones menos rentables y a la parte administrativa. Como tantos otros directivos de hoy, Martin estaba siendo presionado a que buscara una solución rápida y chapucera.

Y ¡vaya si lo hizo! De forma casi inmediata prescindió de todos los colaboradores externos, las subcontrataciones y los empleados temporales. Igualmente canceló las compras y todos los proyectos de desarrollo que estaban llevando a cabo. También canceló la formación al personal, y eso que era básica para los nuevos desafíos que tendrían que asumir el año próximo. Pero con ello consiguió el imposible, los números salieron e incluso los beneficios finales arrojaron un cómodo margen. Eso le gustó al gran jefe, que había hecho promesas rimbombantes al consejo, no en vano esperaba que sus éxitos le proporcionaran pronto un nuevo destino aún más elevado. Así que procuró que Martin quedara como un héroe de la compañía, como alguien que sabía cómo hacer dinero, y se le concedió una buena prima por haber logrado ese resultado. Pero la historia no acabó ahí.

La chapuza de Martin tuvo consecuencias a medio plazo. Durante años, su compañía había disfrutado del privilegio de ser la única de su sector que no estaba sindicalizada. Eso suponía la enorme ventaja de no tener conflictos laborales, ni duras negociaciones de convenios, ni huelgas. Además los grandes proyectos se echaron encima y nadie estaba preparado, ni los medios estaban disponibles ya que los colaboradores externos no pudieron finalizar sus trabajos. Tampoco estaban a punto los desarrollos necesarios para poder sacar a tiempo los nuevos productos.

Con todo esto, en unos meses el personal estaba indignado por la falta de medios y la sobreexplotación. Este clima fue debidamente aprovechado para sindicalizar a los trabajadores con un éxito sin precedentes. La competencia empezó a comer terreno a una velocidad inesperada, dado que los productos estaban quedando obsoletos y no había forma de reaccionar con rapidez. El jefe de Martin para entonces ya había logrado su anhelado ascenso internacional, y Martin fue el chivo expiatorio de la ira del nuevo jefe, que no podía entender cómo un directivo de su nivel podía demostrar tan soberana incompetencia. El nuevo jefe no lo decía por la mala actuación del pasado, que ignoraba, sino porque no le salían los números brillantes. Así, una vez eliminado el pobre de Martin, puso al frente a un hombre de su confianza al que prometió una brillante carrera ascendente si lograba que los números de esa división volvieran a lucir. ¿Adivinan lo que hizo el nuevo?, pues eso, ganarse el ascenso. Poco importó entonces que esa división fuera cerrada años después por considerarse improductiva.

Parece que el discurso de la alta dirección es: «quiero resultados sostenibles a largo plazo, ¡pero los quiero ya!» Vivimos en la cultura «del instante» que se precia por dar una solución rápida para el hoy, sin mirar sus consecuencias para mañana. Demasiado a menudo nos ponemos mutuamente medallas por soluciones chapuceras que, a fin de cuentas, acaban creando más problemas de los que habían resuelto.

Todo el mundo sabe que el futuro es para quienes saben prepararlo. Pero nuestra cultura empresarial nos ha embotado haciéndonos creer que el mañana siempre sabe cuidar de sí mismo. Como descubrió un padre decepcionado:

«Quise convencer a mi hijo de catorce años de la importancia de ahorrar una parte de su asignación, contándole la fábula de la cigarra y la hormiga. Le expliqué cómo la hormiga había trabajado durante todo el buen tiempo, mientras la cigarra cantaba y se divertía. Y cuando llegó el invierno, la cigarra se quedó sin nada para comer, mientras la hormiga estaba provista de todo. Pues bien, cuando le pregunté qué moraleja sacaba de esta historia, me dijo: Pásatelo bien mientras puedas, y luego hazte amigo de una hormiga pringada que te mantenga.»

Las soluciones sólidas requieren tiempo, previsión, constancia, paciencia y disciplina, y la compensación, aunque a largo plazo, suele ser cuantiosa. Muchas veces llega como esa «suerte» que curiosamente acompaña a los que han trabajado mucho y bien, y estaban preparados para aprovecharla. Las chapuzas y arreglillos para salir del paso hasta la próxima sólo aplazan el problema, cuando no lo agravan. ¿Cuál de las dos conductas tiende a premiar la empresa donde usted trabaja? ¿Se mira mejor al que hace un buen trabajo o al que da números vistosos aunque sea con todo patas arriba y la gente de sus equipos quemada y disgustada? He aquí diez ejemplos contrapuestos; observe cuáles representan a su compañía:

Una SOLUCIÓN SÓLIDA es	Una CHAPUZA RÁPIDA es
1. Definirse por un plan y hacerlo.	1. Dar resultados a corto plazo, como sea.
2. Invertir en maneras nuevas y mejores de hacer las cosas.	2. Seguir con todo igual hasta que se desmorone todo.
3. Comprometerse en formar y desarrollar al equipo, tener a todos motivados y aprender a dirigir bien.	3. Contratar y despedir según haga falta, no invertir en la gente y no preocuparse por la calidad de dirección de los jefes.
4. Apostar por la innovación como clave para el futuro, aun a costa de algunos intentos infructuosos.	4. Evitar el desarrollo de nuevos productos, ideas o sistemas, salvo mínimos riesgos.
5. Mantener un servicio de atención al cliente de máxima calidad, incluyendo invertir en la postventa.	5. Vender como sea y luego que el cliente espabile como pueda.

Una SOLUCIÓN SÓLIDA es	Una CHAPUZA RÁPIDA es
6. Mantener una política de precios justos y estables para ganarse la confianza del cliente y crear un estilo propio.	6. Dar los precios según el momento y según a qué cliente y lo que apriete. Lo que sea con tal de que firme.
7. Entrar sólo en negocios en los que la experiencia de la empresa demuestra que son solventes.	7. Entrar especulativamente en industrias nuevas en las que los oráculos financieros prometen beneficios fáciles y rápidos.
8. Premiar al personal que propone mejoras eficaces en el trabajo y reducciones inteligentes de costes.	8. Cortar los gastos a lo bestia en cuanto suena el grito de «reducción de costes».
9. Poner énfasis en la calidad, como clave para la mejora de resultados.	9. Prometer lo que sea y luego dar lo que mejor «cuele» al cliente.
10. Pedir opinión a los que hacen directamente las tareas, pues son los que mejor las conocen.	10. Tomar las decisiones de cambios desde arriba, sin consultar con los «inferiores».

Para fomentar las soluciones sólidas y desincentivar las chapuzas, se pueden hacer varias cosas:

1. Realizar evaluaciones del personal a largo plazo. Aparte de la revisión anual, conviene dar a todos recompensas sustanciales por proyectos largos bien realizados y por hacer realidad cambios y objetivos que se emprendieron y diseñaron hace tres o más años.
2. Proyectar las recompensas a largo plazo para los directivos. Por ejemplo, una parte de la prima anual podría abonarse en un plazo largo (entre cinco y diez años) por la consecución de diversos objetivos cuantitativos y cualitativos al final de ese periodo.
3. Asociar la prima de los directivos a los resultados de un estudio anual de calidad de dirección y clima. Ya que cuando la gente habla mal de un jefe y se enrarece el ambiente laboral, siempre es indicador de que no se están haciendo las cosas bien, por mucho que los números aparenten otra cosa.
4. Identificar uno o dos factores estratégicos para el éxito a largo plazo, y premiar al personal que contribuya a dichos factores. Si la mejora de la calidad es esencial, premie a quienes hayan avanzado más en ese terreno. Si el trabajo en equipo es importante, recompense a los que fomentan cohesión y se ganan el respeto y aprecio de los equipos con los que se interrelaciona. Si lo que se necesita es ganar cuota de mercado de forma rentable, hay que compensar a los que lo logran. Si es básico gestionar una determinada cartera o segmento de clientes, premie a los que han centrado sus esfuerzos en seguir ese plan de acción. Y no olvide **explicar a todos cuanto antes y con claridad** cuáles son esos factores estratégicos.
5. Haga que una parte sustancial de las remuneraciones de todo empleado dependa de la prosperidad de toda la com-

pañía. De este modo, todo el mundo tendrá incentivo para ser más productivo y más colaborador.

Claro que el corto plazo no debe ser ignorado. La misión de todo directivo consiste en encontrar el justo equilibrio entre los beneficios de hoy y el mañana mejor. Ambas cosas son esenciales. Pero las soluciones sólidas, el cumplimiento de los planes de acción establecidos, el resultado consecuencia del buen hacer y no de los «pelotazos», los jefes que no sólo cumplen los objetivos sino que lo hacen ganándose el aprecio de todos, requieren mucha más atención y mejores premios porque son lo más difícil de encontrar.

El éxito a largo plazo en los negocios, como en cualquier actividad de la vida no abunda, porque es difícil. Y las tentaciones de tomar los engañosos atajos que nos resuelven el hoy a costa de complicarnos el mañana son múltiples y atractivas. ¿Da usted la debida importancia al mañana en su propia línea de actuación? Premie las soluciones sólidas. Son indispensables, y desconfíe de las chapuzas. Los que sólo se fijan en los trucos del oficio jamás serán verdaderos profesionales de ese oficio.

La próxima vez que un colaborador suyo resuelva «milagrosamente», mediante una chapuza de urgencia, una situación problemática originada porque no se hicieron en su momento las cosas bien ¡no se le ocurra felicitarle! Evite esas situaciones en las que el recurso chapucero salva los muebles y luego nunca pasa nada. Debe pasar algo, es importante que muestre su desencanto ante la mala calidad del trabajo realizado anteriormente y no preste atención al malabarismo que solucionó la papeleta. Es más, aproveche esa ocasión para aleccionar y aclarar a su gente sobre cómo debería haberse hecho y cómo espera realmente que actúen para el futuro. Porque tanto si aplaude la chapuza salvadora, como si ignora el trabajo mediocre que la hizo necesaria… ¿Adivina qué estará fomentando y recompensando? Pues eso, más chapuzas y más mediocridad.

Estrategia 2
Premie el espíritu de riesgo, no la cautela del timorato

—¿Es que aquí nadie quiere responsabilizarse de nada? —Bramaba Eduardo, director de una Territorial de una gran entidad financiera.

Tan pronto como Michael, un veterano consultor, entró en su despacho se dio cuenta de que estaba furioso y que le resultaba difícil lograr que los directores de las zonas y las oficinas se comportaran como verdaderos directores.

—Es que no lo entiendo —decía Eduardo—, se supone que esa gente está nombrada para que se haga cargo de las cosas, y lo único que obtengo es un montón de excusas sobre por qué no se hace nada. Son tan ridículas que he empezado a apuntarlas en una lista. Mira las que llevo recibidas en un mes. —Y arrojó un papel sobre la mesa de reuniones con un gesto de fastidio.

No tenía tiempo.
Esto no depende de mí.
No era de mi oficina.
No me lo mandó exactamente a mí.
Eso es culpa de la central.
Se me olvidó, estaba demasiado ocupada.
Siempre se ha hecho así.
No he recibido la documentación.
Usted no dijo que había que hacerlo de esta otra forma.
Ya no sé a quién debo dirigirme para esto.

Michael recordó que un conocido suyo era un director de una de las sucursales del banco, y aprovechó para preguntarle.

—¿Qué tal va aquella joven, Marina?

—¿Marina? —contestó Eduardo—. Creo que está haciendo una buena labor.

Hizo una pequeña pausa mientras buscaba en su ordenador los datos sobre ella y luego continuó:

—En líneas generales, ha tenido buena actuación. Es la sucursal que tiene menos créditos fallidos. Estudia con mucha escrupulosidad las operaciones y las garantías. La captación de pasivo no ha sido mucha, dado el bajo rendimiento de los gestores comerciales. Es una colaboradora que trabaja duro, presta atención a los detalles y es leal a la entidad. Ha tenido un buen desarrollo ya que empezó de cajera y ha ido subiendo gracias a no haber cometido ninguna equivocación.

Entonces el consultor comprendió que había oído todo lo que necesitaba para saber cuál era el problema de Eduardo.

¿Ha trabajado usted en una organización donde la regla para progresar es «no cometer ninguna equivocación»? Eso es terriblemente habitual. Las buenas organizaciones estimulan a su personal para que corra riesgos calculados, conceden margen a las equivocaciones de los que se atreven a acometer cosas, y comprenden que un error inteligente es parte del pequeño precio que hay que pagar por el progreso individual, el desarrollo y la mejora de los profesionales, y la evolución decidida de la empresa.

Todos tenemos tendencia a rehuir el riesgo, porque ¡el fracaso duele! Siempre que uno intenta algo nuevo, se arriesga a fracasar. Pero no se debe olvidar que el mayor fracaso lo garantiza el evitar constantemente los riesgos. Eso supone la seguridad de quedarse obsoleto, frustrarse, arruinarse y aburrirse presa del tedio.

Por eso no es extraño que cuando se aplican test para verificar las características de los mejores directivos y profesionales, destaquen siempre los más propensos a asumir riesgos. Las personas de bajo perfil sólo aspiran a la seguridad, y procuran hacer todo aquello que no les complique la vida. Los que resuelven y son eficaces tienden a disfrutar de su propio trabajo, cuestionan las cosas que se hacen, desean el éxito (en el sentido de alcanzar las metas propuestas), adoran la calidad pero sin perder nunca el espíritu de cambio, de mejora, de probar otras formas de hacer las cosas. No les asustan las responsabilidades y se autoincentivan con los grandes retos. Tal vez querrá recordar estas cosas la próxima vez que contrate a alguien para este perfil.

La manera de convertir a los timoratos en audaces es crear un clima que promueva, premie y respalde la audacia, dando a la gente la oportunidad de aprender de sus propios errores, sin tener que temer las consecuencias. Teniendo presente este objetivo, podemos ver varias directrices para establecer este ambiente saludable:

1. Enseñar y demostrar a las personas que los errores inteligentes son parte del coste del progreso. ¡Un error sólo demuestra que alguien dejó de hablar y se puso a hacer algo! Pues sólo se equivoca el que lo hace. Lo importante es sacar provecho de las equivocaciones para aprender, rentabilizarlas y no abandonar el propósito de actuar decididamente.

2. Póngase usted mismo como ejemplo. Hable con franqueza y sinceridad de sus propios errores. Si es de los que toma decisiones ¡tendrá ejemplos a raudales! Hable también de los riesgos que le hicieron dudar y que finalmente aceptó y de cómo aquello le fue útil. Ríase con su gente de algún error cometido que el tiempo demostró que valió la pena por lo que aprendió. (Si no ha cometido ningún error últimamen-

te quizá deba empezar a preocuparse por qué hace tiempo que no acomete nada.)

3. No permita que usted mismo u otros pierdan tiempo debatiendo riesgos pequeños. La forma mejor de resolver el misterio es hacerlo, y ya se verá si era un acierto o un pequeño error, porque el verdadero error empresarial, la peor decisión, es siempre «la indecisión».

4. Celebre tanto los triunfos como los reveses de los que se atrevieron a hacer lo que había que hacer. Por supuesto que las mayores alabanzas serán para los que hayan asumido grandes riesgos coronados por el éxito. Pero, como se suele decir en el deporte profesional, las victorias saben cuidarse por sí mismas. Es en la derrota, cuando hemos seguido el camino correcto, nos hemos entregado plenamente y nos hemos dado de narices, cuando más precisamos y apreciamos el respaldo y el apoyo.

5. Cuando alguien meta la pata por haber actuado con decisión inteligente, primero aprecie y aplauda la acción y la participación, y calmadamente corrija lo que salió mal para que se aprenda del error. No destape la caja de los truenos ante el fiasco del que actuó en la línea adecuada pero la armó por un pequeño error que sólo ha originado mucho ruido.

6. Respalde riesgos inteligentes, no la temeridad del atolondrado. Hay algunos que presumen de ser muy atrevidos, y lo que en realidad pasa es que simplemente son unos salvajes, que no es lo mismo.

En una empresa donde la innovación es estratégica, tocan tres veces una gran campana, que se oye en toda la empresa, para celebrar el «fracaso perfecto», y eso se hace para estimular la experimentación y fomentar la audacia. La dirección de esa compañía sabe que la investigación es una actividad arriesgada y llena de momentos ingratos. Terminar con un buen número de ideas válidas significa necesariamente haber empezado a desarrollar un número de ideas mucho mayor. Cuando un proyecto no da resultado y se decide abandonarlo, tocan la campana, bromean un rato y luego se ponen a ensayar otra idea. Cuando aciertan, replica la campana con ganas, y toda la empresa se alegra y participa de ese espíritu de iniciativa y aprendizaje.

Cuidado, no se trata de tapar las cosas ni de dar la cara por otros si las cosas van mal y usted no tiene nada que ver en el asunto. Hay que dejar que cada uno aprenda de sus errores y se autoexija mejorar para triunfar la próxima vez. Si se hace el salvador, puede que la próxima vez se convierta usted en la víctima.

El establecimiento de un clima de audacia es el primer paso para desarrollar dos de los activos más ilimitados de la empresa: la **creatividad** y la **participación,** y precisamente del primero nos ocuparemos en la próxima estrategia.

Estrategia 3
Premie la creatividad aplicada, no el conformismo estúpido

Una vez un banquero enfurecido le dijo a un inventor que se llevara «ese juguete» de su despacho. Ese juguete era el teléfono.

En 1976 un joven ingeniero se hartó de diseñar microcircuitos integrados para ordenadores, y solicitó por tres veces que le dejaran proyectar una idea que tenía para crear lo que él llamaba un ordenador personal. Las tres veces fue denegada por la compañía esa tonta e inservible idea. En vista de lo cual se fue a su casa, y en su garaje montó un pequeño taller. Construyó lo que deseaba y lo llamó Apple. Hoy en día esa tontería pesa varios miles de millones de dólares.

Hace años un lunático dijo que se podrían hacer tiendas donde no hubiera dependientes, todo estaría en estantes para que el cliente se sirviera directamente, se lo cargara él mismo en un cesto y a la salida pagara. Nadie respaldaba aquella idea. El lunático creó la primera gran cadena de supermercados y marcó el inicio de la distribución moderna.

El activo más importante de cualquier empresa, en cualquier sector, no es el dinero, ni los inmuebles, ni la maquinaria, sino las ideas. Hasta Einstein opinaba que la imaginación es más importante que los conocimientos. Todo el mundo es capaz de imaginar una idea nueva. Si aún lo duda, deténgase a considerar lo que somos capaces de inventar con tal de ahorrarnos trabajo. O reúna a unas cuantas personas para una tormenta de ideas *(brainstorming)* sobre cómo solucionar un problema, y descubrirá cuánta creatividad pueden aportar las personas que le rodean.

En cambio lo que escasean son las personas innovadoras, esos inconformistas tozudos que son capaces de todo con tal de llevar adelante una nueva forma de hacer las cosas.

Estar a favor de la innovación es como decir que se está a favor de la maternidad. ¿Quién va a decir que está en contra? Pero la mayoría de las organizaciones se limita a declararse en favor de la innovación de boquilla. Solicitan nuevas ideas pero luego se apresuran a cuestionarlas y rechazarlas sin darles ni una oportunidad. En general no se mira con cariño y admiración a los que proponen formas rompedoras de hacer, nuevos sistemas o métodos. Casi al contrario, se les empieza a mirar como unos descerebrados que no parecen entender el negocio y se empeñan en saltarse las reglas.

La innovación es muy sensible a los impulsos externos, y por ello al GSM. Para obtenerla hay que solicitarla, provocarla y premiarla. Se debe de crear un ambiente abierto a la innovación, y aquí van varios ingredientes que requiere el establecimiento de este clima:

1. Tolerancia a los fracasos. Thomas Edison realizó más de seis mil ensayos antes de dar con un filamento que sirviese para las bombillas. Si está dispuesto a innovar, debe estar dispuesto a admitir muchos fracasos durante el camino.

2. Las nuevas ideas no son más que una nueva disposición y combinación de las cosas de siempre. Pruebe formas diferentes y encontrará enfoques diferentes. La innovación llega probando cosas nuevas, no basta con pensar, hay que actuar.

3. Pida a su gente que cuestione lo que hacen los demás, que digan cómo creen que deberían hacerlo. Muchas veces el que está dentro del problema es el único que no ve la solución.

4. Plantee retos radicales, y encontrará ideas radicales. El plantear metas «absurdamente ambiciosas» provoca buscar otros enfoques e ideas, ya que es evidente que con la forma actual de hacer las cosas serían inviables.

5. Busque lo más sencillo. Tendemos a complicar las cosas y la mejor innovación es la que simplifica todo de forma espectacular.

6. Prohíba en su entorno la palabra «imposible». En todo caso acepte el «imposible así» y acompáñelo de la pregunta mágica de la innovación: ¿de qué otra forma lo podríamos hacer?

7. La tecnología nos da nuevas oportunidades cada día y por ende nuevos hábitos y encasillamientos. Aproveche lo nuevo, aprenda, no sea perezoso para usar los nuevos programas, las nuevas máquinas y aparatos electrónicos. Cuanto antes empiece antes descubrirá cómo pueden ayudarle a mejorar.

La innovación es el arte de crear cosas y sistemas diferentes, pero no siempre la innovación implica lo nunca visto, pues ocurre en ocasiones que la verdadera innovación es redescubrir el uso de cosas de siempre. Cuentan que en la carrera espacial los americanos se dieron cuenta que en ingravidez los bolígrafos normales no podrían escribir, así que invirtieron una gran suma para desarrollar un tipo de pluma capaz de funcionar en el espacio. Los rusos, que no disponían de tanto presupuesto, cuando se enfrentaron a este mismo problema decidieron introducir una innovación que resultó dar un gran resultado: usaron el lápiz.

Estrategia 4
Premie la accion decisiva,
no la parálisis por el análisis

Zipi y Zape eran dos profesionales que trabajaban para un mismo jefe. Cierto día, el jefe les planteó a cada uno de ellos un problema para resolver. Zipi, hombre práctico y decidido, elaboró una solución, eliminó el problema e informó al jefe aquella misma tarde. Al jefe le alegró mucho que se hubiera solventado la cuestión, pero dedujo que no debía ser tan grave si Zipi lo podía liquidar con tanta prontitud. Así que le dijo unas palabras de cortés agradecimiento y consideró que se había limitado a cumplir con su trabajo.

Zape, en cambio, era maestro en el arte de hinchar las cosas. Había aprendido que para cosechar buenas recompensas no hay que resolver problemas, sino «analizarlos» y «tramitarlos». De manera que Zape abordó así al asunto:

- Crear un expediente. Cuando el jefe le preguntaba sobre el tema contestaba: «Estoy reuniendo datos para el expediente que he abierto para esto».
- Enviar a todas las personas imaginables un comunicado haciéndoles partícipes del problema pidiendo soluciones.
- Contrastar con un asesor para estudiar el problema en profundidad., tras lo que tendría un extenso informe recomendando profundizar más y hablar con más gente.
- Nombrar una comisión que se reuniría para debatir el problema y todas sus ramificaciones.

- Convencer al jefe de que participe en esta reunión, a la que debería asistir gente de otras áreas afectadas, para tratar de marcar una directriz común.
- Seleccionar cuidadosamente un grupo de trabajo que analizaría cada alternativa posible.
- Pasar orden al departamento de informática para volcar los ficheros, sacar infinidad de datos más o menos relacionados con el tema y enviar copias a todo el mundo de todo esto, acompañando la posible propuesta final.

¿Por qué se comporta Zape de esta forma? Al reemplazar la acción por el análisis, Zape gana tres puntos a su favor:

1. No asume ningún riesgo.
2. Consigue destacar y establecer relaciones con toda la empresa.
3. Luce ante su jefe: «Este Zape es el líder que necesitamos. Le di un problema difícil y no ha dejado piedra por remover. Ha puesto en marcha a todos y ha logrado sacar adelante el asunto».

Claro que posiblemente los Zapes acabarán por exasperar a todo el mundo, y todos le verán el plumero al final, por reiteración. O simplemente hundan la empresa sin más, o acaben de altos directivos porque a veces se cumple un curioso axioma que dice: «*Todo imbécil acaba encontrando a otro imbécil, más imbécil que él, que le considera un tipo admirable*».

En cuanto a Zipi, puede ocurrir una de estas dos cosas:

1. Que acabe por imitar a Zape harto de que no se aprecie su efectividad.
2. Que abandone la empresa en busca de un lugar donde se le reconozcan sus méritos.

En ambos casos es la empresa la que pierde. En la que usted trabaja ¿a quien recompensan, a los Zipis o a los Zapes?

Demasiadas empresas padecen una penuria de emprendedores y una sobreabundancia de caciquillos y ruidosos. Son dirigidas por gente que sabe celebrar interminables reuniones, movilizar a mucha gente, hacer grandes informes y estudios, analizar datos y cifras, pero incapaces de elegir y transmitir un rumbo concreto y mantenerlo.

De acuerdo que hay que pensar y analizar, pero conviene recordar que para obtener buenos resultados no hace falta tanta historia. A menudo lo más productivo es:

Decidir lo que conviene hacer y ¡hacerlo ya!

Las personas decididas destacan rápido sobre la indecisión de los demás. Muchos saben opinar, verbalizar, analizar, ¡y no digamos cuestionar las ideas de los demás!, pero pocos saben decidir. Muchos profesionales de alto nivel de responsabilidad no tienen los arrestos ni la seguridad en sí mismos necesarias para hacer lo que hay que hacer, y decir lo que hay que decir, cuando llega el momento de tomar las decisiones estratégicas y alinear a todos hacia un solo sentido.

Por ello no castigue una decisión equivocada. Castigue la indecisión, el papeleo, el dar vueltas y vueltas a los asuntos sin tomar opción alguna. Sin embargo, casi todos lo pasamos mal cuando nos toca decidir cosas delicadas. Si es su caso, he aquí algunas ideas que pueden servir de ayuda:

1. Acostúmbrese a decidir. Al principio se equivocará muchas veces, y posiblemente las comunicará de forma inadecuada. Pero se mejora con la práctica, como cualquier otra actividad. Al final verá cómo su nivel de aciertos es elevadísimo,

porque la experiencia la dará buen juicio. En cualquier caso, es bueno recordar que más vale acertar sólo un 60% de las veces que decida, que no hacer nada el 100% de las ocasiones por incapacidad para decidir.

2. No permita que los «escurridizos profesionales» le devuelvan el muerto a usted. Cuando delegue una decisión a este espécimen empresarial no tolere la marcha atrás. Si tratan de esquivar el tema, pídales que traigan por escrito un mínimo de dos ideas sobre cómo lo van a hacer, y cuando así lo hagan deje que ejecuten la que sea. Verá cómo dejan de hacerle perder el tiempo y espabilan la próxima vez, al ver que no pica tan fácilmente.

3. Sopese lo que puede ganar y perder si saca adelante esa idea. Póngalo por escrito o háblelos con alguien de su confianza. Eso le ayudará a despejar los fantasmas del miedo a decidir, y al concretar las ideas verá con claridad la opción adecuada.

4. Decida sin miedo, y no olvide explicar a los demás el porqué de su opción. Las personas se implicarán mejor si comprenden lo que hay detrás de sus decisiones y así, de paso, elimina el pasilleo negativo que se origina cuando la gente no entiende los porqués e imagina versiones «terroríficas».

Estrategia 5
Premie el trabajo inteligente, no la mera laboriosidad

Según dice un refrán anónimo: «La clave para trabajar con eficacia consiste en conocer la diferencia entre movimiento y avanzar en la dirección adecuada».

Jorge, encargado de un taller de producción, profesaba una filosofía interesante acerca de su trabajo:

Si no puedes terminar tu faena dentro de la jornada laboral, o te han designado demasiado trabajo o lo haces mal.

He de confesar que la primera vez que supe de esto me pareció que Jorge era un tanto exagerado. Pero en efecto, tenía la costumbre de recorrer las naves cinco minutos después de que diera la hora de salida del personal, para echar a todo el que se hubiera quedado allí trabajando. Sin embargo, en los tres años que Jorge estuvo de encargado las cosas fueron como la seda, el taller funcionaba a la capacidad máxima y el ambiente de trabajo era magnífico y exigente. Era lo que se dice un éxito indiscutible.

Hará unos años, Jorge se trasladó a otro área y nombraron a Jules para que ocupara su puesto. El planteamiento de Jules en cuanto al trabajo era: «Los que abandonan el trabajo tan pronto como suena el reloj demuestran poca entrega y desinterés. Para triunfar conmigo hay que estar lo que haga falta y ocho horas diarias no son suficiente.».

Los trabajadores empezaron pronto a salir más tarde, y eso que el volumen de trabajo era el mismo. Se creó un clima de laboriosidad aparente, aunque realmente la productividad bajó. Todos, poco a poco, bajaron el ritmo de intensidad laboral, de forma que el trabajo se dilataba hasta llenar las horas de presencia. Se hacían reuniones fuera del horario oficial, las paradas de café y comidas se alargaban, el clima de exigencia desapareció para sustituirlo por uno más funcionarial. Ya no hacía tanta falta cumplir con los demás, los retrasos empezaron junto con una menor atención al trabajo. Comenzó a haber conflictos laborales entre los que no podían quedarse tanto tiempo por motivos familiares y los especialistas en marear la perdiz, que lograban que se les viera fuera del horario, y pronto se convirtieron en los favoritos de Jules. La primera hora de la mañana era el momento de la sociabilidad, todos comentaban qué tal el partido de fútbol, o tal noticia, o lo que hicieron el fin de semana. Por la tarde, cuando todos llevaban demasiadas horas en el taller, la concentración empezaba a fallar. Las llamadas de teléfono particulares aumentaron pero, eso sí, cuando Jules daba una vuelta por el taller todos procuraban parecer muy ocupados.

La aparente locura de Jorge tenía su sistema. El hecho de que no alentara a quedarse después de la hora, a cambio del trabajo bien hecho, obligaba a todos a regirse por objetivos y calidad de rendimiento. Todo el mundo sabía que contaba con su horario para hacer lo que tuviera que hacer, y además se esperaba que así lo hiciera, de forma que se desarrollaron hábitos eficaces y productivos. Pero con Jules, el ambiente de trabajo pasó de orientarse a «objetivos cumplidos y trabajo bien hecho», a regirse por «estar muchas horas». Cuando se pasó a recompensar la presencia, en vez de la eficacia, la gente se puso a distribuir el trabajo de siempre a lo largo de más horas con el consiguiente detrimento de la productividad, del clima laboral y de la calidad de trabajo.

Por desgracia, la mayoría de los profesionales que trabajan en las empresas no cobran por su aportación a la producción o a los resultados, sino por entrar a una hora y salir a otra. Y lo que es peor, muchos directivos creen que las personas ajetreadas durante más horas son las que mejor trabajan, y premian a los que se mueven mucho y no a los que hacen mucho. Paradójicamente, el ser humano parece más atareado cuando no sabe bien qué hacer. Por eso a veces hay jefes que no entienden por qué la gente está quemada y los resultados no salen. Son los mismos que dicen: «Si trabajamos muchísimo», sin darse cuenta que posiblemente ellos son los primeros que o no saben trabajar bien, o son adictos a estar en la oficina, o simplemente ¡no se quieren ir a casa!

Hay muchísima gente que va a trabajar cada día sin saber cuál es exactamente su objetivo en el trabajo, y sin que sientan que exista relación alguna entre su rendimiento y la recompensa que reciben. Por no poder, no pueden ni irse a la hora sin que se les mire con cara de acusación, independientemente de si han hecho tres veces más trabajo que los que se quedan.

La escapatoria de la trampa de la actividad improductiva, consiste en premiar a la gente por la consecución de objetivos y tareas determinadas, no por acumular muchas horas de presencia o fingirse sobrecargados, agobiados y desbordados. Si recompensamos la ficción, obtendremos un gran grupo de actores. Premiemos los resultados y tendremos resultados.

Además de las primas por objetivos, he aquí otras ideas que pueden servirnos para convertir a los actores en productores:

1. Asegúrese de que las personas tienen el trabajo adecuado a sus capacidades. Las personas que carecen de aptitud o formación para un cometido asignado pierden enormes cantidades de tiempo y energías tratando de hacer como pueden

lo que, simplemente, no saben hacer. Pero esto no suele ser una cuestión de que haya gente inmensamente torpe. La mayoría de las veces basta con unas dosis de paciencia, formación y motivación, y con ello es posible enseñar a casi todo el mundo a desempeñar la mayoría de los cometidos. Dedique tiempo a formar y desarrollar las competencias de su gente y obtendrá más tiempo y gente más competente.

2. Proporcione a cada uno los instrumentos que puedan mejorar su rendimiento. Una dotación insuficiente de un medio secundario puede ocasionar terribles despilfarros de tiempo, desmotivación del colaborador y trabajo deficiente.

3. Defina los límites del trabajo de cada uno. Todos deben entender con claridad qué espera usted de ellos, qué deben hacer y qué es lo realmente importante, ya que de lo contrario es posible que se estén duplicando esfuerzos o que se gasten grandes energías en cosas que no son esenciales.

4. Asegúrese de que cada persona entienda cómo su trabajo contribuye al esfuerzo y resultado general. Esto es importante por dos razones: primero porque aumenta la motivación, al comprender cada uno qué sentido tiene su trabajo y cuál es su aportación de valor al conjunto. En segundo lugar, las personas que han entendido cuál es su misión en el equipo son menos propensas a perder el tiempo en ocupaciones al margen.

5. Ayude a mejorar a los empleados cuyos resultados son inferiores a su esfuerzo. Probablemente hayan desarrollado hábitos y sistemas de trabajo erróneos. Explíqueles que no desea verles trabajar con tanta fatiga, que lo que quiere es que obtengan buenos resultados, no sudores, ni jornadas interminables, ni colapsos, ni úlceras. Ayúdeles a organizarse el trabajo, fórmelos, ya sea haciendo que aprendan con los mejores o con un buen curso.

6. Fomente la reflexión y el cuestionamiento. Las personas que no tienen costumbre ni tiempo para pensar son a su vez una carga para sí mismas y para la organización. Anime a su gente a que se cuestione la forma en la que hace las cosas, a que pruebe formas diferentes, a que se centren en los objetivos, a planificar el trabajo. Especialmente cuando se acumulen las tareas, enséñeles a parar, pensar, hacerse una lista y empezar una cosa detrás de la otra, en vez de agobiarse por hacer un poco de todo, y realmente no acabar nada por completo.

7. Cuidado con los perfeccionistas de la forma. Es una maldición muy extendida y que derrocha esfuerzos que no aportan valor. Los hay que se empeñan en perder ingentes cantidades de tiempo y esfuerzo en acabar un trabajo con colores, encuadernación perfecta, gráficos espectaculares, datos y más datos, apéndices, etc. Lo malo de éstos es que lo suelen hacer siempre, incluso cuando se trata de una simple nota, o unos informes para una pequeña reunión interna. Además, como queda tan vistoso y se ve claramente el sobreesfuerzo, es fácil caer en la trampa de alabarles esa laboriosidad inútil, casi por pena, y reforzar el derroche innecesario de esfuerzo y medios. Además esta gente es la que luego te dice que no tiene tiempo de acabar lo importante, y te deja con el trabajo «gordo» a medias. En consecuencia, se dedican a las cosas equivocadas... pero eso sí, las hacen muy correctamente.

8. Cuando la gente haya terminado su trabajo, deje que se vayan a casa. Es más, anímelos a que lo hagan, y mire con mala cara al que se queda, dejándole ver claramente que el hecho de que aún siga allí le hace sospechar que no es capaz de hacer bien su trabajo. No olvide que el tiempo es uno de los mejores premios, así que haga que lo disfruten los que se

lo merecen. No olvide que los empleados de base ganan mucho menos sueldo que los directivos, por tanto no hay fuerza moral para exigirles a los que han cumplido con su tarea que se queden más horas de las establecidas. Los directivos nos movemos por responsabilidades y resultados, a nosotros nadie nos mira el horario, porque al final lo único que valdrá será el resultado. Igualmente los vendedores funcionan por metas de ventas, su permanencia e incluso su remuneración van asociadas a las ventas conseguidas, por tanto es bastante absurdo hablarles de horario de entrada y salida, ellos saben bien dónde y cuándo deben estar para poder alcanzar los objetivos comerciales. Es por ello que los parámetros de horario que nos marcamos los jefes no son válidos para los demás. Si un directivo trabaja siempre de ocho a ocho, es cosa suya: o ha asumido demasiada carga, o no sabe organizarse, o no sabe decir NO, o le encanta tanto su trabajo que para él casi forma parte de su ocio. Ninguna de esas razones nos habilita para abusar del resto del equipo, son nuestras manías y nuestros vicios, y nuestro trabajo consiste también en tener motivada a la gente, mantenerlos en forma y con plena energía, e incluso saber que en un momento excepcional podemos contar con su entrega total en horas y esfuerzo porque saben que normalmente se respeta el derecho a irse a la hora de los que cumplen con su trabajo. Es más, si aplica esto verá que se crea un clima de calidad, de rendimiento, de desincentivo a la presencia por la presencia, y al quedarse muchas veces solo en la oficina, usted también acabará yéndose antes y con la sensación de que todo va bien.

9. Si alguien tiene que hacer un trabajo que requiere mucha concentración, invítele a que se quede en su casa para hacerlo, en vez de ir a la oficina. En un día laborable la propia

casa se convierte en un despacho extraordinariamente tranquilo, y en unas pocas horas muchas veces se logra hacer, en ese ambiente de sosiego lo que en la vorágine de la empresa se tardaría días. Al fin y al cabo lo que importa es el trabajo bien hecho, no necesariamente estar en la oficina. Igualmente si alguien tiene un pequeño problema familiar, dígale que mientras tenga todo al día puede organizarse esa emergencia como desee. Contar con su apoyo en esos momentos supone una de las más apreciadas recompensas para la eficacia, ganándose de paso el respeto y el corazón de sus colaboradores. Y dé por seguro que se «buscará la vida» para que el trabajo salga y no decepcionarle.

10. Simplifique... pero ése va a ser el tema de la próxima estrategia.

Estrategia 6
Premie la simplificación, no la complicación inútil

«Hacer fácil lo fácil», sencillo de decir y mas difícil de lo que parece, porque a lo que se ve, lo fácil es complicar las cosas.

Si se acerca a un empleado que esté, por ejemplo, rellenando un formulario o haciendo un informe, o clasificando unas cosas y le pregunta ¿qué hace usted?, descubrirá muchas veces complejos procedimientos para acometer lo que podría hacerse de forma mucho más sencilla. ¿De donde salen tantas normas, fotocopias, archivos, protocolos, etc.? Seguramente muchas de las cosas que se hacen tuvieron sentido alguna vez, lo que pasa es que hoy a lo mejor ya no hace falta hacerlo así. La complejidad tiende a dominar a las empresas y los procesos, y es un monstruo que se autoalimenta por sí mismo. De un trámite que váyase a saber por qué nació, surge otro, y de este otro más para organizar el anterior, y de ahí otro que controle este último, y de aquí medios para hacerlo que requieren a su vez múltiples trámites y tareas, y medios. Y cuando uno se quiere dar cuenta, para pedir un simple billete de tren se encuentra un entramado desproporcionado, con el derroche de tiempo, esfuerzo y dinero que todo ello supone. Y cuando tratamos de averiguar el porqué de esa maraña, nos suelen decir: «Es que hay que hacerlo así». Casi da miedo volver a preguntar por qué, ya que uno imagina que la respuesta más probable sería: «¡Porque si no se muere de hambre el monstruo!»

Sin embargo, la verdadera esencia de la buena gestión es mantenerlo todo tan sencillo como sea posible. Cuanto más compleja y más grande sea la organización, más falta hace la sencillez. Pero mantener las cosas sencillas es una tarea muy ardua. Las buenas empresas y los buenos directivos no rehuyen esfuerzos con tal de mantener esa sencillez y evitar que todos se difuminen en el barullo cotidiano. Los fundamentos de la simplificación se podrían resumir en tres palabras:

Eliminar lo innecesario.

Entendiendo por innecesario todo lo que no aporta ningún valor práctico a nadie, ni a los resultados.

Pero muchas organizaciones caen en la trampa de premiar a quienes complican los asuntos y no escuchar a los que proponen hacer las cosas sencillamente. Las organizaciones sencillas reaccionan más rápidamente, tienen mas flexibilidad y están mejor preparadas para afrontar los cambios y explotar las oportunidades. Aplique las estrategias simplificadoras siguientes para rebajar grasas en sus actividades:

1. **Simplificar las tareas.** Pida a todos que contesten a estas dos preguntas: ¿Qué crees que podríamos simplificar que te beneficiaría a ti mismo o a la empresa? y ¿Qué propones para ello? El mejor sitio para buscar la simplificación es donde se padece lo contrario. Todos vemos más claramente las soluciones a las complicaciones de los otros que las nuestras, a las que nos hemos acostumbrado.

2. **Simplifique las estructuras y los canales de comunicación.** Evite que el organigrama de su área se desborde. Cuanto mayor es una estructura jerárquica más difícil es la comunicación. Pregúntese si vale cada cargo lo que cuesta, si realmente aporta valor al conjunto. Hay que poner en tela de juicio

todos los cargos y organigramas, recuerde que deben estar al servicio del objetivo, y no ser el objetivo en sí mismo. A medida que cambian las metas y las estrategias deberían cambiar los niveles jerárquicos y las estructuras, ya que lo que ayer valía puede ser el estorbo de hoy. En la duda, simplifique.

3. **Simplifique los procedimientos y los controles.** La simplificación de tareas es más fácil de lo que parece. Se trata de tomar un procedimiento y descomponerlo en el máximo número posible de pasos detallados, y una vez puestos por escrito, analizarlos todos, uno a uno, para ver cuál es prescindible, cuál se puede hacer de otra forma, etc. Igual que antes, en la duda ¡elimínelo!

4. **Simplifique los comunicados escritos.** El exceso de información es la mejor manera de paralizar al ser humano. Como ya decía Baltasar Gracián hace «sólo» cuatrocientos años: *Lo bueno, si breve, dos veces bueno.* Los comunicados escritos deben reducirse lo máximo posible. Limite el tamaño de los escritos e informes. Por ejemplo, máximo un folio por una cara para informes de esto, nunca más de 5 líneas para incidencias de esto otro. Un simple mensaje para tal cosa o un simple subrayado en determinado color sobre la misma hoja de datos para indicar si está OK o lo que sea. Tire directamente la información escrita que no le es útil, ni la ojee. Y las dichosas cartas reiterativas de publicidad y morralla, a la papelera sin abrir.

5. **Haga de su teléfono móvil un colaborador, no su amo.** Es una máquina para que usted la use, no para que los demás le usen a usted cuando les venga en gana. Avise a los que más le llaman de cuándo está disponible. Dedique un tiempo concreto a devolver las llamadas, una tras otra. No conteste siempre el teléfono, usted tiene derecho a estar ocupa-

do, simplemente acostúmbrese a devolver siempre las llamadas, y pronto los demás se limitarán a dejarle el recado de que necesitan hablar con usted, siendo entonces uno mismo el que decide cuándo hablar. Si tiene colaboradores que necesitan consultarle cosas concrete una hora fija al día para que le llamen, de esta forma acumularán las consultas en una sola llamada, e incluso aprenderán a ir resolviendo ciertas cosas por no esperar a hablar con usted. Eso sí, debe atender siempre esas llamadas en esa hora (o devolverlas si estaba ocupado) y ser disciplinado si le llaman fuera de ese horario para una trivialidad diciendo: «¿Podemos hablar de esto en la hora de llamadas?» Si recompensa a su equipo con calidad en la comunicación cuando le llaman en el horario convenido, verá cómo pronto todos acabarán diciendo: ¡por fin sabemos cuándo podemos hablar con el jefe!

6. **Premie a los simplificadores y ahorradores.** Una vez le dijeron a los empleados de un área de una empresa que se quedarían con un 20% de todo lo que ahorraran en ese ejercicio, con la condición de que dieran un servicio excelente. Lograron ahorrar y simplificar tres veces más de lo previsto. Conviene tener siempre presente que si en una empresa operan con un margen de beneficios de un diez por ciento, cada unidad ahorrada (euro, dólar, etc...) aporta al negocio lo mismo que 10 unidades vendidas. Permita que su personal se beneficie también de esas economías, y no escatime elogios para los que saben gestionar simplificando recursos. Ahora bien, si usted utiliza la simplificación para echar gente a la calle, no espere colaboración. Conozco a un empresario que paga una prima extra y ofrece un mejor empleo a todo aquél que venga con una propuesta para suprimir su propio puesto. Eso sí que es aprovechar el GSM.

Estrategia 7
Premie la eficacia silenciosa, no las bisagras ruidosas

«Otra semana perdida», iba pensando Ana un viernes por la tarde mientras volvía a casa. Había dedicado casi todo el tiempo a escuchar quejas, excusas y problemas de los jefes de zona que dependían de ella. Uno decía que tenía la peor zona, otro juzgaba que el sistema de comisiones era injusto, otros discutían sobre cómo repartir la asignación de un cliente común. Otros dos protestaban porque unos problemas personales les habían impedido visitar el número previsto de clientes y delegaciones.

Después de esto, Ana llevó durante varias semanas un registro por escrito del rato que dedicaba a cada colaborador. El resultado arrojó que consumía el 80% de su tiempo atendiendo a los menos productivos. En cambio, dedicaba poco tiempo o ninguno a los mejores. Se preguntó qué pasaría si consagraba lo principal de su tiempo y esfuerzo a atender y ayudar a los más productivos, y decidió hacer la prueba.

En adelante, dedicó el 80% de su tiempo al tercio superior de la plantilla de ventas. Les aconsejó, les ayudó, les escuchó, les alabó y les dedicó todo tipo de estímulos positivos. Luego invirtió un 15% de su tiempo en sustituir a los que claramente no daban la talla. El escaso tiempo que le restaba lo ocupó en aquellos cuya actividad era inferior.

Es obvio que la nueva política de Ana no agradó a los remolones ni a los ruidosos. Muchos subieron el tono de las quejas, y otros plantearon dejar sus puestos. Pero Ana había decidido no hacer caso a nadie que no demostrara una buena calidad de trabajo.

Lo primero que observó fue un súbito incremento del volumen de ventas. A los mejores les agradó ese estímulo positivo, de manera que vendían aún más. Algunos de los que tenían resultados mediocres pasaron al tercio superior, animados al ver que los protestones ya no tenían cancha y se atendía más a los eficaces. Al enfocarse hacia los mejores, Ana obtenía aún mejores resultados que cuando trataba de ayudar a todos y caía en la trampa de los quejicas. Aquella política siguió funcionando durante años, hasta que creó una cultura que poco a poco fue calando en toda la empresa.

Uno de los valores más apreciados en las personas que trabajan es el sentido de la responsabilidad. En las organizaciones hay cuatro tipo de trabajadores:

- Los falsos colaboradores, que son los que se las arreglan para que el trabajo lo hagan otros.
- Los mandíbulas, que son los ruidosos que hablan mucho y hacen poco.
- Los freno, que son los que derriban y retrasan lo hecho por los demás.
- Los espinazo, que son los que realmente hacen el trabajo.

No importa dónde trabaja usted, le deseamos que se vea rodeado de muchos espinazos y pocos o ninguno de los demás. Toda organización necesita héroes callados. Personas fiables que saben hacer su trabajo y que lo hacen sin llamar la atención sobre sí mismas. Pero con demasiada frecuencia, los méritos de esos héroes silenciosos pasan desapercibidos entre la algarabía de los ruidosos que chillan, esos que dedican su tiempo a formar parte de los problemas en vez de resolverlos. Los jefes, como solucionadores natos de problemas, suelen caer en la trampa de hacer más caso a los llorones y a los que aparentan, dedicándoles su atención y resolviéndoles las cosas, con lo cual apenas queda tiempo para atender a los buenos trabajadores, que acaban sintiéndose abandonados.

A la mayoría de las personas no nos molesta trabajar duro, pero sí que los esfuerzos sean percibidos como algo natural y obligado, hasta el punto de sentir que no se te valora. Esto desanima, incrementa la sensación de explotación y mina la moral de cualquiera. Y cuando tal cosa ocurre, contraatacan ahorrándose sus esfuerzos o dedicándose a pasatiempos improductivos.

Una vez un niño llegó de la guardería con un cartelito prendido en su camiseta que decía:

Píllame haciendo algo bien.

Evidentemente traía un mensaje muy importante de la maestra para sus padres. En realidad quería decir: «Si sólo le prestáis atención cuando se porta mal, estáis fomentando el mal comportamiento. Si le alabáis y le premiáis cuando se porta bien, entonces procurará seguir siendo bueno y así le ayudaréis a convertirse en el hijo que deseáis».

Desde luego que en la empresa hay adultos y no niños, pero ambos somos seres humanos y capaces de cualquier cosa con tal de ganarnos la aprobación y el aprecio de los demás. Los directivos que ignoran a los héroes silenciosos y dedican su tiempo a engrasar bisagras que rechinan quizá se encuentren pronto rechinando ellos mismos.

Al objeto de favorecer la eficacia, recuerde los siguientes puntos:

1. Dedíquese conscientemente a localizar y premiar el buen comportamiento. Imagínese que también los trabajadores

llevaran un cartel de «píllame haciéndolo bien». No hace falta premiar continuamente todo, ya que la gente pensaría que no está en sus cabales. Observe lo que le agrada de la forma de trabajar de sus colaboradores y cuando se presente una oportunidad apropiada, dígales expresamente lo que tiene de bueno su actuación, y así no sólo obtienen una felicitación merecida, sino que les animará a seguir haciéndolo bien. El buen comportamiento es algo demasiado valioso como para dejarlo pasar sin apreciarlo.

2. Busque a los héroes callados de su empresa y reserve tiempo para estimularlos y recompensarlos. La gente de confianza fácilmente pasa desapercibida. Pero son el núcleo de toda organización y de todo equipo próspero. Para localizarlos hágase estas preguntas:

— ¿Quién le daría un enorme disgusto y supondría una muy dolorosa pérdida para el equipo si le dice que se marcha de la empresa?

— ¿Quién no falta casi nunca?

— ¿Quién hace bien su trabajo incluso cuando es urgente?

— ¿Quién le suele entregar el trabajo con calidad y a tiempo?

— ¿Quién está siempre dispuesto a echar una mano?

— ¿Quién no pone nunca pegas a cambiar de actividad o hacer una suplencia?

— ¿De quién se puede asegurar que trabajará lo mismo tanto si el jefe está encima como si no?

— ¿Quién no da nunca problemas ni suele hablar de ellos?

— ¿Quién sufre cuando no le sale bien el trabajo o ve que no va a salir a tiempo?

— En una pregunta: ¿Con quién sabes que se puede contar siempre para lo que sea?

Otra recompensa que servirá para motivar a los héroes callados consiste en tomarse interés especial con su faceta personal, no sólo como empleados. Escúcheles, no les regatee ayuda en caso de dificultades tanto laborales como individuales, ni su apoyo cuando se muestren inseguros o desanimados. Tomarse interés personal por la gente es necesario para construir los vínculos de confianza. La fidelidad no es algo que se pueda exigir, simplemente se da y se hace lo posible por merecerla. Y es en los momentos de la verdad cuando hay que demostrar las cosas. Cuando llegue ese problema personal importante, esa circunstancia adversa, ese favor y respaldo que se necesita, hay que estar ahí y dar esa ayuda y lealtad al que se lo merece con generosidad y justicia, pues ésas son situaciones clave para ganarse o perder los corazones de la gente. Es éste un rasgo distintivo de todos los buenos dirigentes que he conocido.

3. Desconfíe de las bisagras que rechinan y no les eche grasa. Ana logró mejorar el rendimiento de su equipo sin echar sermones, ni suplicándoles, ni discutiendo con ellos. Fue suficiente con premiar a los más eficaces concediéndoles más tiempo y atención, mensaje que fue captado claramente por todos. El GSM y su actitud al gestionarlo son excelentes herramientas para guiar a las personas hacia lo que se espera de ellas.

Una cosa que no debe usted hacer, por ejemplo, es ayudar a los que crean crisis. Dígales que es un asunto de su competencia y añada la solución del problema a sus tareas habituales: el que crea problemas intencionadamente, lejos de librarse, tendrá más trabajo. Por ejemplo, el que critica todas las soluciones en las reuniones, que se encargue de presentar una alternativa bien documentada para la siguiente. No eluda asignar trabajo a los profesionales de la confusión, convencidos de que tal trabajo iba a ser pasado a otro. Si determinada persona es una quejita habitual, o de las que no remata bien los trabajos para lograr que no se le asignen, ignórela. No pierda tiempo con los liantes, márqueles tareas muy concretas y si no cumplen, que queden en evidencia sin dudas ni ambigüedades.

Sus acciones deben transmitir constante e inequívocamente que su norma de conducta siempre aprecia la eficacia, la aportación de valor y el trabajo bien hecho.

En la agitación actual es muy fácil pasar por alto la buena conducta para atender a los ruidosos. Conviene diferenciar a alguien que tiene un problema de las personas problemáticas. Los primeros merecen nuestro apoyo, los segundos no. Piense que este error no puede usted permitírselo, y la próxima vez que experimente la tentación de olvidarse de los héroes silenciosos, recuerde las palabras de un extraordinario trabajador frustrado que comentaba desanimado a un amigo: «¿Es que nadie ve que estoy trabajando? ¿Será que soy yo el equivocado y no merece la pena?»

Estrategia 8
Premie el trabajo de calidad, no el trabajo rápido ni la chapuza

La mejor manera de asegurarse el éxito de mañana, es hacer hoy óptimamente el trabajo. En nuestra sociedad se vive al instante, prima la rapidez. Todo el mundo quiere las cosas «para ayer», y el resultado consiste demasiadas veces en una chapuza salvadora, es decir, en un trabajo o servicio de escasa calidad.

¿Cómo podemos hacerlo en menos tiempo? ¿Cómo podemos hacerlo más barato? Estas dos preguntas son las que más a menudo se escuchan para mejorar la productividad. Pero en el esfuerzo de lograr lo rápido y barato, olvidamos a menudo una tercera pregunta, que debería estar por delante de todas las demás:

¿Cómo podemos hacerlo todo bien desde el principio?

Los japoneses ya demostraron que la clave para mejorar la productividad estaba en trabajar mejor, el resto (la rapidez y el ahorro) llega como consecuencia de esto, y rara vez es al revés. La calidad, de entrada, cuesta dinero, la chapuza es barata pero tiene un inconveniente: no cuesta casi nada pero te arruina. La mejora de calidad encierra una serie de importantes compensaciones a largo plazo:

- Bajan los costes: hacer las cosas bien desde el principio reduce los costes de las verificaciones, de arreglar las deficiencias, de pagar errores y reclamaciones. ¿Cuánto tiempo y recursos se invierten en multitud de empresas para remediar los problemas ocasionados por no hacer las cosas bien desde el primer momento? Como dijo Phil Crosby, experto en calidad: «La calidad es gratis. Lo que cuesta dinero es la no calidad, es decir, todo lo que hay que hacer por no haber trabajado con calidad desde el principio». En muchas empresas los costes de la no calidad suponen hasta un 40% de los costes de fabricación.

- Aumenta la producción: hacer las cosas bien supone sacar productividad a unos recursos que antes se despilfarraban. Los gerentes dedican menos tiempo a la inspección y más a tareas productivas. Los obreros dedican más tiempo a producir y no a reparar y acondicionar. Incluso cosas que antes se desechaban entran a formar parte de productos y elementos vendibles o aprovechables.

Al mejorar la calidad, pronto las cosas se hacen mejor, más pronto y más baratas. Pero aún nos falta mencionar las dos recompensas más importantes y que hacen aún más valiosa la calidad:

- La autoestima del equipo: hacer las cosas bien desde el primer momento suscita sensaciones positivas de éxito, rigor y confianza, resultantes de haber dominado una tarea y un proceso y ejecutarlos bien. Más aún, la gente se motiva para tratar de hacerlo mejor la próxima vez. Sin embargo hemos escuchado muchas veces que se ordena a los trabajadores: «procuren que salga a tiempo». Ante esto se buscan atajos y chapuzas, y eso les priva de la oportunidad de mejorar las cosas de forma sólida y duradera y, por ende, de sentirse orgullosos de lo que hacen, ya que seguramente acaba saliendo un trabajo mediocre, eso sí, a tiempo... de hacer todos «el ganso» una vez más.

- La fidelidad de la clientela: una empresa normal dedica unas seis veces más de gasto a la captación de nuevos clientes que a la conservación y desarrollo de los que tienen. Sin embargo hacer las cosas bien es la mejor manera de que los clientes actuales repitan y nos recomienden a otros nuevos. La calidad es algo cada vez más demandado, hasta el punto de que en muchas cosas estamos dispuestos a pagar más por ella y ya no admitimos bajar de cierto listón por barato que resulte. Inversamente, la mala calidad es la manera más rápida de perder clientela. Como decía un letrero de una tienda: «LA AMARGURA DE UNA MALA COMPRA ES MÁS DURADERA QUE LA DULZURA DEL PRECIO BARATO».

Claro que seguramente estará pensando: «Todo esto está muy bien, pero ¿quién es capaz de hacer las cosas siempre bien?» La respuesta es que sí se puede, siempre que queramos hacerlo y sepamos cómo. Por ejemplo, durante la Segunda Guerra Mundial, el ejército estadounidense descubrió que los paracaídas fallaban en un 5% de los saltos. Evidentemente en este caso el margen de error debía ser «cero defectos». ¿Cómo podía alguien decirles a los paracaidistas: «no se preocupen, la mayoría sí se abren»? El problema se solucionó disponiendo que los plegadores de paracaídas y los verificadores saltaran de vez en cuando desde un avión. La calidad mejoró drásticamente hasta el 100 por cien.

En las escuelas que califican de cero a diez, se considera que un 7 o un 8 es «notable», que un 9 o un 10 es sobresaliente, es decir, que se admite perfectamente un margen superior al 10 por 100, da casi igual. ¿Se imagina lo que ocurriría en los trabajos si se permitiera el mismo margen? ¿Cuántos bebés se le pueden caer a una enfermera? ¿Cuantos puentes se pueden caer? ¿A cuántos aviones se les pueden desprender las alas? ¿Cuántos créditos fallidos podemos dar? ¿Qué margen de error toleraría usted en su paga mensual? Nuestra educación no nos ha imbuido el concepto calidad como algo trascendental. Quizá sea por eso que la calidad falla en tantas empresas.

Pero además hay que buscar otra respuesta haciéndose la pregunta mágica. ¿Qué se está recompensando en el día a día? El sistema de remuneración variable suele premiar más la cantidad de ahora sobre la calidad para mañana. Nos obsesiona tanto el saber cuánto se produce o se vende, que apenas nos fijamos en si se produce o se vende bien. Y por esa negligencia pagamos un alto precio en forma de elevación de costes, pérdida de autoestima individual y hacia la empresa, despilfarro de tiempos y medios, y descrédito de la dirección de la compañía. ¡Nos estafamos nosotros mismos!

Como para todo lo demás, para obtener un mayor interés por la calidad hay que empezar por recompensarla, y en toda la empresa, desde arriba hasta abajo. Si la alta dirección no da muestras de un interés palpable y permanente por mejorar la calidad, no habrá ninguna mejora sólida. Cuando la calidad falla, lo fácil es culpar a los empleados, a los medios escasos, a la falta de presupuesto, porque todo esto es fácilmente visible, pero ahí se esconde un grave error. El 100 por ciento de los problemas de calidad empiezan por la alta dirección, y las soluciones a ello también. Sólo cuando el director general y todos los miembros del comité de dirección dicen: «Adelante, vamos a hacerlo bien, porque es estratégico», y además lo hacen, es cuando empieza la calidad. Ese es el factor más poderoso y más motivante. Pero claro si, por ejemplo, cualquiera de sus reuniones son un auténtico derroche de tiempo, inconcreción y una exhibición de mínima calidad, o si cuando prometen que van a asistir a una inauguración de una nueva delegación, o a la clausura de un acto interno, luego no aparecen, pues la cosa se quedará en un precioso discurso más.

Las compañías seriamente comprometidas con la calidad utilizan sistemas de compensación que premian la calidad y «castigan» la no calidad, independientemente de que saliera milagrosamente el pedido o la cifra.

Para ello es imprescindible lo siguiente:

1. Todos los empleados deben entender lo que es y lo que no es calidad en la compañía. Todos estamos seguros de saber qué es la calidad, porque todos pensamos que es de sentido común. Lo que rara vez tenemos en cuenta es que cada uno tiene su propio código de lo que es el sentido «común», que debería llamarse realmente el «sentido propio», porque de común no tiene nada. Por eso debe quedar muy claro para todos lo siguiente:

   La calidad ES:
   — Conformidad con unas normas y procesos establecidos.
   — Un compromiso total y permanente de hacer las cosas bien, desde el principio, todas las veces.
   — Evitar los defectos antes de que ocurran, es decir, ya desde la planificación.
   — Medible objetivamente.
   — No conformarse con un resultado mediocre, y aprender y mejorar el proceso ante cada error y cada oportunidad.

   La calidad NO ES:
   — Decirle a la gente que lo haga lo mejor que pueda.
   — Un objetivo que se alcanza y después se olvida.
   — La inspección y corrección de defectos.
   — Evaluable por criterios subjetivos.

2. Hay que iniciar a todos, empezando por lo más alto, en los fundamentos de la medición de la calidad. El principal obstáculo de la calidad es la creencia de que es demasiado difícil entender los sistemas de control. Además conviene recordar que a corto plazo la calidad no motiva a nadie, ya que incordia, somete a unas formas concretas de hacer y es medible. Lo que sí es motivante es el resultado de la calidad, por eso es importante que todos conozcan el sistema para incluirlo como instrumento de valoración del rendimiento.

3. Difunda el entusiasmo por medio de comunicaciones, metas y premios. ¿Puede difundir de alguna manera información periódica sobre cómo va la calidad, o dar premios por mejoras de calidad? La meta es siempre la misma: cero defectos, por ello la mejora debe ser permanentemente alentada y valorada.

4. Pregunte directamente a los que hacen el trabajo sobre cómo podría mejorarse. Esa es la idea básica que inspira los círculos de calidad. Es muy probable que los que hacen el trabajo sepan del mismo más que nadie, pero a ellos no se les suele preguntar. La gente está dispuesta a aportar ideas sobre su labor, y además si les deja llevarlas a cabo, tiene el compromiso asegurado, ya que todos nos implicamos más en nuestras propias ideas que en las que nos imponen.

5. Trate a sus clientes como a socios para toda la vida. Eso le inspirará para crear una situación que hará aumentar los beneficios y al tiempo tendrá más satisfechos a sus clientes. ¿Y no es eso lo que finalmente pretende la calidad?

6. Distinga a sus proveedores entre los que sólo son tal y los que son colaboradores estratégicos, es decir, los que aportan valor a su proyecto, quieren ayudarle a progresar y no se conforman con servirle lo que pida. Una forma de saber cuál es uno u otro es pedirles algo absurdo con la promesa

de que se pagará bien. El proveedor seguramente estará dispuesto a servirle el pedido y cobrar su parte, el colaborador le dirá: «No te lo doy, porque esto no te va a servir».

7. No premie jamás la chapuza salvadora. Una cosa es simplificar y otra hacer trabajos mediocres. Corrija el error que la hizo necesaria, para que en el futuro ya se haga bien desde el principio. Aprenda de cada situación en la que las cosas no se hicieron bien aunque milagrosamente salieran adelante. Además recuerde: ¡Si una norma no funciona se cambia, pero no se salta! Consentir esto último porque finalmente no pasó nada es el mejor camino para que al final todo se haga de cualquier manera y la calidad se venga abajo.

Estrategia 9
Premie la lealtad,
no la rotacion del personal

Se puede pagar el tiempo de una persona, su presencia física e incluso un número de acciones (movimientos, teclas pulsadas, ventas realizadas, etc...), pero ningún contrato incluye la lealtad, la entrega, el entusiasmo, el corazón, la creatividad o la ilusión, eso hay que ganárselo de cada persona, porque es algo voluntario.

- «No entiendo cómo los jóvenes de hoy tienen tan poco interés por el trabajo. En mis tiempos uno se entregaba a su empresa y ya se daba uno por satisfecho con tener un empleo.»
- «¿Cómo podrías hacer que la gente se implicara más en el proyecto de la empresa?»
- «José es un buen profesional, pero no pone interés en su función actual.»

¿Ha observado cómo en los últimos años se habla cada vez más de la motivación o de la falta de entusiasmo? Los directivos aluden con frecuencia a la necesidad de una mayor lealtad y de un mayor interés por parte de los empleados. Eso del interés es como el afecto:

- Todo el mundo lo necesita y lo desea.
- Los que más hablan de ello son los que menos lo consiguen.
- Es casi imposible recibirlo sin darlo.

«No te cases con ninguna empresa, porque ninguna empresa se casará contigo», le decía un padre escarmentado a su hijo recién licenciado. Todas las organizaciones precisan de lealtad y entrega de los mejores, pero pocas la recompensan realmente. Lo normal es ver cómo se contrata y se despide según la coyuntura económica del momento. Peor aún, muchas empresas enseñan al personal que debe ser desleal. ¿Ha trabajado alguna vez en una organización en la que se paga más a los que vienen de fuera que a los promocionados de dentro? ¿Ha conocido empresas en las que demasiado a menudo traen a alguien nuevo para un puesto relevante en vez de ascender a los de dentro que perfectamente se han ganado esa oportunidad? Para casi todos los buenos profesionales, la mejor manera de progresar es cambiar a menudo de empresa y no permanecer leal a la misma. ¿Es forzoso que las cosas sean así? Pues no, hay otra forma de hacer las cosas, más productiva y más motivante, es decir, mejor para todos.

Por fortuna algunas compañías no tratan así a su personal. Saben que una plantilla estable y motivada es la clave para obtener los mejores resultados, las mínimas incidencias sindicales y elimina los costes y esfuerzos que supone la rotación no deseada de las personas eficaces. Esas empresas saben entender y aplicar este sencillo principio:

*Para obtener lealtad e interés de la gente,
hay que empezar por darles lealtad e interés.*

Para comprobarlo basta con hacer el siguiente experimento: busque gente que lleve trabajando por lo menos diez años en la misma empresa y que todavía dé muestras de entusiasmo e interés por la compañía. Pregúnteles por qué están orgullosos y son tan leales. Seguramente recibirá varias respuestas, y el factor común entre ellas será: *que sienten que pertenecen a una organización que les hace caso y son valorados, donde aún aprenden, que sabe dónde va, que están bien tratados por sus jefes, y la dirección quiere lo mejor para ellos, no sólo como empleados sino también como personas.*

Si continúa preguntando, también le dirán que la empresa a cambio les exige mucho. Que cada uno debe cumplir correctamente con su tarea y colaborar en que todo funcione bien. Y probablemente todos saben que el que no comprende estos valores, crea mal clima entre los compañeros por su forma de ser, o no trabaja para el bien del conjunto, no continúa en la empresa. Las organizaciones que dan mucho, también exigen mucho, pero, ¿acaso la reciprocidad equilibrada no es la base de las relaciones sólidas?

A fin de cuentas, la lealtad exige lealtad, la confianza confianza, la amistad reclama amistad, y el interés requiere interés. El entusiasmo y las ganas de hacerlo bien no se dan porque sí. Los directivos de la empresa deben promoverlos, es más, deben merecerlos. La creación de un ambiente de lealtad, calidad y entrega es costosa, y sus beneficios no tienen límite. He aquí los principios básicos:

1. Proporcionar seguridad en el empleo a los que cumplen. «Cuando fui a trabajar a Estados Unidos me pareció muy conveniente para los empresarios americanos eso de poder despedir a la gente cada vez que empeorase la economía o cuando quisieran», comentaba un directivo europeo que trabajó unos años en Norteamérica. Pero pronto cambió de opinión: «Ahora entiendo por qué ciertas compañías estadounidenses no son capaces de obtener el interés y la lealtad de sus empleados. El trabajador no puede apreciar a su empresa si está dispuesta a privarle de su medio de vida al

primer síntoma de que las cosas no van bien». ¿Qué aprecio tendría usted por un amigo que le abandonó en una temporada difícil? Lo de proporcionar seguridad en el empleo a los que trabajan bien es una buena práctica empresarial. Los despidos son costosos e impiden que las empresas atraigan y conserven gente capacitada, pues ésta requiere la estabilidad ante todo. Y ya hay grandes empresas que en los momentos de crisis aprovechan para demostrar lealtad a sus profesionales, y en vez de despedir enseguida al personal, aplican medidas como:

— Reducir remuneraciones, empezando por supuesto por el consejo de administración y el comité de dirección.
— Regulaciones de jornada. Es decir, reducción de días trabajados o de horario.
— Reciclar y recolocar a las personas cuyos puestos desaparecen.
— Dar a gente de dentro que se ha quedado desocupada trabajos que normalmente se adjudicaban al exterior.
— Ocupar a gente valiosa sobrante en preparar proyectos de futuro.
— Despedir sólo a los poco productivos, no por criterios de coste directo del despido.

La cuestión es que todos vean que la empresa se ha volcado en procurar que la crisis la pasemos juntos, y juntos remontaremos tras el temporal. Que le importan las personas que aportan valor al negocio, y nadie deja «tirado» a nadie que haya cumplido a las primeras de cambio. La seguridad en el empleo de los que cumplen, por sí sola, no creará sentido de orgullo de pertenencia, pero es un primer paso esencial para formar un equipo de trabajo leal y estable.

2. Crear confianza cuidando al máximo la comunicación interna. Las compañías e incluso los departamentos con mejor ambiente y menos rotación de personas válidas son aquellos que mantienen al personal bien informado acerca de los objetivos, los progresos, los cambios y las políticas, y además escuchan las opiniones de la gente. Algunas pequeñas empresas cuidan la comunicación de forma estratégica, y algunas grandes, por ejemplo, han establecido unos encuentros con la dirección, de forma que todo el personal, en grupos de unos veinticinco, se reúne una vez cada dos años con algún miembro de la alta dirección donde pueden hablar libremente de su visión de la empresa y sus áreas. Como dijo una vez un joven empleado que aún trabaja en una de estas empresas: «Podemos hablar con la dirección, y ellos nos escuchan». Igualmente conozco al dueño de una empresa de tamaño medio que una vez al año come con todas las secretarias de la empresa, y les pregunta y escucha sobre su visión de las cosas. Tal como me dijo: «Las secretarias son las que más ven y oyen, ya que todo pasa por ellas, ¿por qué perder esa energía y esa información?» Mediante estos tipos de diálogos, la alta dirección se entera de los problemas, consigue ideas de mejora y establece una relación de persona a persona con todos. Es más fácil ser leal a «alguien» que a una «empresa», que siempre es algo etéreo e impersonal. Normalmente la gente no deja a las empresas, deja a sus jefes.

3. Promoción interna. La promoción de personal de la empresa a los cargos interesantes envía un mensaje a todos: aquí se premia la lealtad y la eficacia, mientras que el reclutamiento externo que podía haberse cubierto con una promoción viene a significar justo lo contrario. Ahora bien, ¡cuidado con promocionar a las personas inadecuadas!, es-

pecialmente para puestos que conllevan mucha interrelación con los demás. En una empresa todos se conocen, y cuando se asciende a alguien que todos saben que no vale para ese puesto, la imagen de la dirección de la empresa queda «tocada», y los demás pierden fe en la compañía. Muchas veces ponemos en un puesto de relevancia a alguien de nuestra confianza, con el que tenemos *buena química,* o a uno que ha demostrado ser un excelente técnico. Ninguna de estas características garantiza que el promocionado pueda ser el jefe o directivo que se precisa para ese cargo. Antes de promocionar a alguien no hay más que preguntar a la gente de su alrededor. A los buenos todos les aprecian. Aun así, si después del nombramiento descubre que se ha equivocado, tome medidas rápidamente, corrija su error antes de que sea muy difícil reubicar a la persona promocionada, o haya hecho ya demasiado daño, o todos piensen que usted no se entera de lo que pasa delante de sus narices. Recuerde que todos los que deciden se equivocan alguna vez, pero sólo los necios no saben enmendar sus equivocaciones.

4. Invertir en la formación y promoción del personal a largo plazo. La promoción podría ser desastrosa si no se capacitase al personal para asumir puestos de mayor responsabilidad. Las compañías con alto grado de lealtad, invierten mucho en programas de formación y desarrollo de carreras profesionales, y no sólo por el número de acciones formativas, sino que se aseguran de que su gente sólo haga los mejores cursos. Por supuesto que tales programas cuestan más. Pero si usted opina que la formación buena es cara, ¡ya verá lo que ocurre con la ignorancia o la mala formación! Ah, ¿que ya lo ha padecido por sí mismo?, pues seguro que no hace falta que le diga más.

5. Los salarios y la retribución variable deben parecer justos para los afectados. Si su sistema de incentivos o primas no contenta a nadie ¿por qué lo mantiene? Es imposible contentar a todos en temas salariales, es cierto, pero el sistema elegido debe parecer justo, y recompensar lo adecuado. Muchas veces se le da al recién llegado lo que jamás se hubiera dado a un promocionado. Eso incentiva la desmotivación, la rotación y la deslealtad. Recuerde que para cada uno, su nómina es sagrada, y esto incluye el variable. Comunique **muy bien** los criterios de subidas de sueldo y la percepción del variable. En multitud de empresas nadie entiende por qué unos cobran «X» y otros «Y», si han hecho más o menos lo mismo, o por qué unos se van de viaje de incentivos y otros no. Si detecta la más mínima duda en esto, ponga en marcha de inmediato un plan de comunicación que deje todo claro y preciso. Todos tienen derecho a saber cuánto van a cobrar y por qué cobran más o menos.

6. En definitiva: **trate a las personas como a usted le gustaría ser tratado**. Cuando se trata a las personas como si ellas fueran la clave para la prosperidad de la empresa, dichas personas se convierten precisamente en eso. Después de muchos años, he descubierto que: «cualquiera de los buenos empleados de mi empresa son **mi primer cliente**, y ningún otro de fuera puede estar antes que ellos en mis prioridades». Por ello me atrevo a elevar aún más el listón anterior, y reformularlo así:

Trate a su gente como a ellos
les gusta ser tratados.

Estrategia 10
Premie la colaboracion,
no a los que trabajan unos contra otros

Cuando veo cómo se pelean unos contra otros me pregunto: ¿y nosotros nos consideramos la especie inteligente?

Un hombre que visitaba una institución psiquiátrica se extrañó de que sólo tres vigilantes guardaran a más de un centenar de pacientes.

—¿No tienen miedo de que les dominen a ustedes y se escapen?

—No —replicó uno de los guardianes—, los locos nunca se unen.

¿Saben trabajar unidas la gente del lugar donde usted trabaja? Vea si:

- Les cuesta echar una mano a otro cuando hace falta para acabar un trabajo que no es suyo.
- Tratan de realzar su propia labor y suelen rebajar la de los demás.
- Colaboran en «pasilleos» negativos y críticas hacia otros departamentos o compañeros.
- Dicen muy a menudo cosas como: «Nosotros hemos hecho nuestra parte, han sido ellos los que han fallado».
- Cada uno va a la suya.

Si ha asentido a varios de estos puntos, seguramente el sistema de recompensas en el lugar donde usted trabaja, está estructurado de forma que favorece a algunas personas o grupos, a expensas de los demás. Y todo sistema de premios que produzca un pequeño número de ganadores a costa de un gran número de perdedores es fuente de conflictos.

Un banco debía tramitar una serie de ayudas económicas estatales a un colectivo de clientes, lo que le supondría una estupenda oportunidad comercial, así que para garantizarse el éxito de esta acción nombró a un encargado de este tema por oficina, de forma que durante poco más de un mes debía focalizarse a esta función, y a cambio decidió dar una prima a estas personas. Lejos de mejorar el resultado respecto a otros años, el efecto fue demoledor. Los compañeros, al ver que les caía encima el trabajo que dejaba de hacer esta persona, decidieron centrarse en lo suyo, y atender con desidia lo del otro. Pronto se produjo un atasco monumental, descontento de clientes habituales, y deterioro del clima laboral en las oficinas. Cuando la persona cobró el incentivo al finalizar la campaña puntual quedó desplazada del equipo. Para todos los demás ¿gracias a quiénes se había podido dedicar a eso?, y entonces ¿por qué sólo ella cobraba un extra si todos habían realizado un esfuerzo extra? El efecto de aquel error perduró durante meses de desconfianza, desmotivación y pérdida de entusiasmo general.

Una cadena de supermercados decidió relacionar una parte de los incentivos al ránking que ocupaba cada tienda respecto al resto. ¿Resultado? Cuando un jefe de tienda tenía una baja en una sección importante ninguna otra le prestaba ayuda. La colaboración entre ellas era mínima, y si una había descubierto un sistema que mejoraba la eficacia, o una promoción que ayudaba a incrementar las ventas, lo ocultaba al resto. Los propios empleados, influidos por el ambiente creado, consideraban a las tiendas de su entorno como sus enemigas, ¡más que las de la competencia!, en la que ya apenas se fijaban. Los peores trabajadores eran recomendados para que fueran a otras tiendas en vez de formarlos o no renovarlos. El efecto final fue que casi todos bajaron sus cifras, la rotación de personal subió porque había mucha tensión interna, y hubo un importante desgaste del prestigio de la dirección de la compañía.

La competencia interna puede desempeñar un estímulo muy saludable en un momento dado. Pero, al fin de cuentas, toda organización es un equipo cuyo éxito depende de la colaboración eficaz entre todas las personas y áreas que la componen. Los conflictos o rivalidades que se salgan de este contexto son simplemente destructivos.

Cualquier empresa es capaz de soportar a uno o dos pendencieros, de esos individualistas que son incapaces de ver el conjunto, pero si predomina el espíritu de discordia a nivel general, está claro que el sistema de recompensas propicia el conflicto y el enfrentamiento y no el trabajo en equipo. La única competencia está fuera de la empresa, son el resto de compañías que quieren ganarse a nuestros clientes. Ya es suficientemente duro eso como para liarnos «en casa» con trifulcas internas. Como dijeron unos trabajadores japoneses en una ocasión: «Ninguno de nosotros es más listo que todos nosotros juntos». En la misma idea podríamos decir en términos empresariales: **ninguno de nosotros es tan competitivo como todos nosotros juntos.**

El trabajo en equipo rara vez o nunca es fruto de la casualidad. Para lograrlo y mantenerlo es necesario que todos los mandos lo consideren una prioridad y estructuren la organización de manera que favorezca la colaboración. En una palabra, si usted quiere ases, premie a los ases, pero si quiere un equipo ganador, premie el trabajo en equipo. He aquí algunas ideas que han tenido resultados positivos para ello:

1. Crear equipos autodirigidos. Una y otra vez se demuestra que la creación de grupos dotados de autonomía sirve para mejo-

rar el ambiente y el rendimiento. Estos son los criterios fundamentales para que obtengamos equipos capaces de colaborar:
— Asignar a cada equipo una parte significativa y concreta de la tarea.
— Ordenarlo de forma que exista máxima comunicación e interacción entre los miembros del mismo grupo.
— Hacer, y hacer ver que las tareas son interdependientes. El trabajo de cada uno debe ser una pieza del puzzle, de forma que sólo se podrá hacer bien la tarea si todos contribuyen.
— Controlar que todos saben hacia dónde se va, que todos saben hacer bien su parte, que todos lo hacen así, y que todos tengan claro qué hacen los demás. Incluso aumenta la eficacia si cada uno sabe hacer el trabajo de otros, de forma que puedan rotar, o sustituirse en un momento dado. Eso capacita más a las personas y refuerza la unión.
— Todo equipo debe disponer de un índice claro de medición de su rendimiento: operaciones realizadas por cada uno, defectos por cada X unidades, tiempo de gestión o respuesta, etc.
— Que los propios miembros del equipo se evalúen, y que la valoración del equipo en su conjunto sea la base de la recompensa de cada uno.

2. Frenar toda rivalidad inoportuna. Si descubre usted que determinadas personas o grupos están enfrentados cuando deberían estar colaborando, he aquí ideas que se pueden acometer:
— Idear una nueva meta única, común para ambos, debidamente premiada y que sólo pueda ser alcanzada si colaboran. A veces esa meta común es simplemente sumar la que tenía cada uno, pero esta vez **todos** dependen de que se alcancen ambas.

— Averiguar cuál es el móvil o incentivo de la rivalidad, y eliminarlo.

— Para casos difíciles, suele funcionar identificar (o inventar si es preciso) una amenaza común, como puede ser otra empresa o un nuevo sistema que, si no logran funcionar juntos en un plazo concreto, sustituirá a ambos equipos.

— Hacerse el árbitro de la situación. Un conflicto dejado a su propia evolución puede extenderse como un cáncer. Cuando unos grupos se han embarcado en una guerra particular que no reacciona ante las medidas normales, hay que cortar inmediatamente ese tema. Reúna a todas las partes, cara a cara, subraye que en adelante no se tolerará otro juego que no sea la colaboración y recompénsela.

— Cambie a la persona que no acaba de entender el sistema y provoca el nudo. Curiosamente cuando se aparta a un responsable «minador» de la colaboración, pronto florecen los que estaban a su alrededor con renovadas energías.

3. Evitar las rivalidades futuras. Las enfermedades que no existen no necesitan tratamiento. Por eso siempre es menor y más rentable el esfuerzo de prevenir que el de curar. He aquí procedimientos que evitan la aparición de competencia interna negativa:

— Premiar a las personas y a los grupos en la medida que ayuden al resultado del conjunto.

— Fomentar interacciones frecuentes entre miembros de los diferentes grupos.

— Si es posible, haga que sea normal la permutación de personas entre grupos. Así todos sentirán que mañana puede que «les toque» estar en el otro lado, o que dependan de ese jefe, así que será mejor llevarse bien con ellos.

— Evite situaciones de pierde-gana entre grupos que tienen que colaborar entre sí para el éxito de la empresa.

4. Crear espíritu de equipo por medio del amor propio y los elogios. Hay que hacer sentir a la gente que trabajan en un sitio especial, por el que vale la pena luchar. Que se sientan orgullosas de su empresa. Deben sentir y ver que todos practican el «todos para uno y uno para todos», y que eso es lo que se aprecia. Para ello es necesario que el jefe del equipo asuma este código de conducta:
— Si algo sale mal, ha sido mi culpa.
— Si algo sale bien, lo habéis logrado vosotros.

5. Utilice **las palabras más importantes,** para comunicarse mejor, mantener buenas relaciones, y crear equipo:
— Las 7 palabras: **todos juntos cumpliendo, alcanzamos los mejores resultados.**
— Las 6 palabras: **confieso que yo me he equivocado.**
— Las 5 palabras: **¡has hecho un buen trabajo!**
— Las 4 palabras: **perdón, lo hice mal.**
— Las 3 palabras: **¿qué propones tú?**
— Las 2 palabras: **tienes razón.**
— La palabra más importante: **nosotros.**

Ponga estas palabras a la vista, donde todos puedan leerlas y recordarlas, y empiece a ponerlas en práctica. Nuestra manera de comunicar tiene mucho que ver con el efecto de colaboración que conseguimos. Saber compartir, escuchar, ser humilde, repartir elogios, ser claro y directo en la comunicación a la vez que educado y respetuoso, son varias facetas que ayudan a relacionarse mejor con las personas y ganarse su aprecio y respeto.

Segunda parte II:

¿CÓMO RECOMPENSAR EFICAZMENTE?

*No le niegue media pechuga a la persona
que le ha conseguido el pollo entero.*

R. G. H. Siu

Hemos visto la pregunta mágica, la importancia de las recompensas y las conductas que deseamos recompensar. Y ¿qué forma hay de recompensar? Hablemos ahora de los tipos de recompensas en sí mismos y aclaremos este trascendental concepto:

- ¿Cómo puedo recompensar?
- ¿Qué herramientas tenemos para premiar el buen comportamiento?

Para muchos esta es una de las grandes dificultades pues, aun queriendo recompensar, se ven limitados al pensar que está fuera de sus capacidades conseguir los premios que merecen ciertas acciones y personas, ya que los presupuestos son limitados o no se tienen los poderes suficientes para pagar una cantidad a alguien. Aquí radica uno de los grandes descubrimientos que pueden suponer una inmensa ayuda para la gestión eficaz de equipos. Veremos diez maneras de recompensar, diez modelos de comportamiento que permiten ejercer el GSM con todo su poder, ¡y la mayoría suponen costes mínimos o nulos!

Ahora bien, antes de entrar en estas herramientas es crucial reflexionar sobre uno de los puntos clave en el empleo eficaz de las recompensas:

Tan importante o más es el «cómo», como el «qué».

Cualquier recompensa otorgada descuidando las formas, no sólo puede impedir lograr el efecto deseado sino incluso provocar una reacción negativa.

En una empresa decidieron dar por sorpresa una paga a todos los empleados como premio al buen año que se había realizado. La noticia llegó mediante rumores, ya que nadie se ocupó de comunicarlo de forma oficial y coordinada. En pocos días todos sabían que iba a haber algo, pero no se sabía qué exactamente. Al fin todos vieron en sus nóminas el pago extra, y se enteraron de que era la misma cantidad para todos los empleados, fuera quien fuera, tuviera el puesto que tuviera y hubiera trabajado como fuese. ¿Resultado?: Enfado general, decepciones, pérdida de credibilidad de la dirección y gasto inútil. En otra compañía tienen la costumbre de hacer un gran viaje anual con los delegados que obtienen mejores resultados sobre objetivos. Todos los años, al final del ejercicio, nadie tenía claro si iba o no al viaje. Todos sabían que varios de los que iban no habían trabajado más, ni mejor que otros, pero por alguna extraña razón siempre se las arreglaban para ir. Algunos, pese a haber alcanzado resultados semejantes, se quedaban fuera sin explicación alguna. Para colmo de despropósitos, la política de viajes no varió en años, y ya era habitual oír a los agraciados comentando: «Encima este año nos llevan a tal sitio ¡lo que nos faltaba, seguro que es peor que el del año pasado!»

No es cuestión de cantidad, sino de calidad. Una recompensa, sea en la forma que sea, contiene una alta carga emocional, es una muestra de aprecio, es un reconocimiento a una buena labor, y por ello debe ir acompañada de las formas adecuadas. Recuerdo una importante empresa que tenía un grave problema de rotación de gente buena, en la que un directivo me comentaba con toda naturalidad: «Aquí se exige muchísimo a la gente, procuramos dar mucha *caña* para que den lo mejor, y cuando un mando consigue los resultados esperados no se le aplaude, se le da dinero». ¿Comprenden por qué tenían el problema de rotación? El dinero no faltaba, porque se pagaba bien, pero pronto eso no compensaba la falta de valoración profesional, el trato defectuoso y la clarísima falta de un estilo de dirección correcto.

Además, para la gestión eficaz a largo plazo de las recompensas conviene tener presente el poder de las expectativas. Si se da un premio sin matizar bien el porqué, sin cuidar las explicaciones necesarias, es más que probable que el próximo año se espere eso y más. Y el efecto positivo de lo dado hoy se convertirá en la semilla del disgusto de mañana. Igual ocurre cuando las recompensas son fijas y repetitivas, ya que para el que la recibe pasan a convertirse en parte del salario, en un derecho adquirido, y ya no produce ningún efecto motivador. Eso sí, como disminuya o no colme las expectativas creadas ¡sí será enormemente desmotivador!

Un empresario comentaba desconcertado que él daba, desde hacía diez años, una cifra equivalente a dos mensualidades a todos los técnicos de la empresa al final del ejercicio si se alcanzaban los objetivos, cosa que ocurría siempre, y un buen «sobre» de dinero a los empleados de base. No entendía por qué los técnicos no consideraban eso como un extra, sino como la paga fija de enero. Igualmente le apesadumbraba que los empleados se quejaran de sus sueldos: «¡Si entre el salario y el sobre anual sale una cantidad muy digna!», les contestaba desconcertado. Lo que no comprendía ese empresario es que las recompensas deben ser comprensibles y apreciadas por el recompensado, y por tanto adaptadas a sus inquietudes. La mayoría de los empleados de base miden su salario por la cifra que les llega cada mes. Lo habitual es que comenten entre sus amistades «yo gano tanto al mes», y no «mi sueldo es de tantos miles brutos al año, extras y otros pagos incluidos». Esta última cuenta es la que hace el empresario, ya que él mide los costes, pero muchos administrativos y obreros miden lo que llega a casa cada mes, el resto son extras «que no cuentan». Para ellos, por tanto, un pago puntual equivalente a dos mensualidades será estupendo... por unas pocas semanas, ya que después verán de nuevo que su hermano, o su amiga, «ganan X más que ellos», aunque puede que no sea cierto.

Si ese empresario suprimiera el sobre, y diera un aumento de sueldo de un 10% comunicándoselo a todos personalmente como muestra de apoyo y reconocimiento a su implicación en la empresa, haría felices a *casi todos*, tendría un efecto más duradero ¡y encima habría ahorrado dinero!

Y he dicho «a casi todos» porque hay que asumir de partida que: **es imposible contentar a todos, con todo, en todo momento.** Así que relájese y disfrute, por mucho que se rompa la cabeza nunca encontrará la fórmula perfecta e infalible de recompensar. Quizás ese sea uno de sus atractivos, así que limítese a hacer lo mejor que pueda. Si organiza una cena de homenaje para un grupo de trabajadores, posiblemente a uno no le guste cenar fuera, o el día le venía mal, o lo que sea. Si lo ha hecho bien y de corazón, la recompensa será recibida correctamente por la mayoría.

Ojo, que esto no sólo ocurre a este nivel. Cada vez son más los mandos medios y directivos a los que les preguntas cuánto ganan y responden «tanto al año en total». Y si sigues preguntando descubres que además de esas cantidades brutas tienen un seguro sanitario, uno de vida, aportaciones a un plan de pensiones, ayudas para comida, cierta cantidad de gastos varios de libre uso en la tarjeta de crédito de empresa, coche de empresa, etc., y más de un empresario se quedaría perplejo si supiera que cuando se les dice que por qué no han sumado esto como parte de su retribución muchos responden cosas como: «El coche me lo pone la empresa, no tiene nada que ver». De hecho me consta que en algunas empresas que utilizan diversas fórmulas de complementos retributivos en especies fiscalmente ventajosos para el beneficiario, muchos de sus directivos ¡no saben realmente lo que ganan, es decir, lo que cuesta todo lo que reciben!, ya que en los certificados de ingresos para hacer la declaración de Hacienda, ven cifras muy inferiores a lo que realmente les está dando la empresa.

Insistimos, recompensar bien no es cuestión de cantidad, sino de calidad, y para ello nada mejor que la imaginación y las ganas de hacerlo bien. Todos podemos recordar un regalo muy especial que alguien nos hizo una vez, y lo recordamos por el detalle que supuso, por cómo nos lo dieron o por el mérito que tuvo que se molestara en buscar aquello para uno. E igualmente recordaremos muy vagamente cómo nos dejó indiferentes algún regalo costoso que alguien nos envió por compromiso, sin alma, sin cariño.

Una vez vista esta delicada cuestión, entremos de lleno en los diez modelos de recompensas más asequibles.

Premio 1
El dinero

Evidentemente en el mundo del trabajo el dinero es influencia, prestigio, seguridad y de alguna forma la medida del éxito. Algunos autores aseguran que se ha exagerado la utilidad del dinero como incentivo. Y como todo, depende. El dinero es la prioridad cuando falta, cuando no existe una relación significativa entre la paga y el puesto o el rendimiento. Si un buen trabajador gana claramente menos de lo que corresponde a su puesto y la empresa en la que trabaja da buenos beneficios, difícilmente apreciará o entenderá cualquier incentivo que no sea que le adecuen el salario a la media del sector, cuanto menos. Ahora bien, a partir de ahí, si nuestro equipo ya recibe un salario digno en línea con el mercado, el «peso» del dinero como elemento motivador comienza a reducirse espectacularmente.

Hace poco una empresa de servicios financieros invirtió una gran cantidad de dinero en desarrollar una fantástica herramienta informática de apoyo comercial. Realmente supondría una ayuda enorme para la fuerza de ventas. Además contrató la mejor formación que existía para que toda la red comercial mejorara y tuviera los mejores apoyos. Mientras tanto estaban muy preocupados diseñando los incentivos extras que tendrían que añadir al sistema de comisiones que existía para compensar a todos por los cambios que tendrían que asumir. Afortunadamente decidieron hacer una prueba piloto reducida antes de trasladar el sistema a toda la empresa. Como ya se imaginarán, los incentivos no sirvieron para nada, es más, estropearon el estupendo plan de impulso comercial. ¿Por qué? Porque el mensaje que dieron a la red al «tener que compensar» los cambios, es que éstos no eran buenos, y todos captaron la idea y recibieron el plan con rechazo y hostilidad. ¿No era suficiente incentivo dotar a la sufrida red de ventas de una enorme mejora informática que solucionaba muchas de sus demandas y apoyarles con la mejor formación del mercado? ¿Qué había que recompensar ahí? Así que aprendieron de su error y se dedicaron a comunicar muy bien en grupos reducidos el plan de acción, a demostrar que la compañía estaba con ellos y por ellos, y que por fin iban a tener las ayudas que deseaban. Todos asumieron el plan con ilusión, se sintieron reconocidos y valorados al comprender el esfuerzo de inversión que se había hecho para apoyarlos, y estaban encantados porque sentían que gracias a estos cambios venderían más y así lograrían más comisiones. No era cuestión de dinero.

El dinero es una potente herramienta de recompensas, porque el mejor aprecio que puede darse a un profesional es subirle el sueldo fijo. En los tiempos de la retribución variable, la realidad es que la sociedad nos mide por la nómina: a la hora de pedir un crédito, de reconocer tu solvencia para un alquiler, etc., lo que cuenta es el sueldo fijo. De nada sirve presentar la declaración de hacienda que demuestra que ganas dos o tres veces lo que indica la nómina mensual. Es por eso que si hablamos de dinero sin más, lo mejor es concentrarse en los sueldos fijos. Hasta tal punto que en muchas ocasiones, una forma de ofrecer una recompensa contundente a un excelente profesional, de esos que nunca fallan, es integrarle una parte importante del variable en su sueldo. Curiosamente para la empresa no supone mayor coste real, pero prepárese para ver el efecto que tendrá en la otra persona. Si quiere fidelidad debe ofrecer fidelidad, si quiere implicación, implíquese con el que lo merece.

Lo que ocurre es que el dinero es engañoso, traidor y pendenciero. Además provoca problemas indirectos, ya que en las organizaciones siempre es polémico que haya distinciones monetarias claras entre trabajadores del mismo nivel o departamento y eso establece importantes limitaciones. Si los niveles salariales ya son adecuados y justos, resérvese esta herramienta para cuestiones puntuales y para establecer incentivos o comisiones sobre resultados.

Además, la mayoría de los jefes ni siquiera pueden usarla, ya que tienen limitada la cantidad a repartir, o ni siquiera disponen de esa cantidad. Pero eso no exime del deber y del poder de usar el GSM. Puede que no podamos dar dinero, entonces... ¡razón de más para ser especialmente hábiles y generosos en emplear los demás sistemas! Tenga en cuenta que si usted no es el dueño de la empresa sus empleados saben perfectamente que no puede pagar más así como así, y si ven que usted no escatima en el resto de formas de apreciar su labor lo más que podría ocurrir es que lamenten que la empresa no pueda darles más, pero seguirán satisfechos a su lado. Ahora, si encima que no hay dinero o no es fácil conseguirlo se es rácano en todo lo que sí tiene al alcance de su mano, entonces ya no es un problema del dueño o de la empresa: ¡el **problema es usted!**

Premio 2

Los elogios

Lawrence Meter dijo: «Hay dos tipos de egoístas: por un lado los que lo confiesan, y luego estamos todos los demás». Si bien el dinero puede ser un incentivo potente, a veces los elogios son todavía más potentes e indiscutiblemente más asequibles. En ocasiones cuesta poco o nada y, lo mismo que el dinero, casi todo el mundo se muestra receptivo a ellos. Sorprende comprobar cómo trabaja la gente cuando el premio consiste en sentirse necesario e importante.

¿Cómo se puede premiar por medio de elogios? Lo primero es saber qué es y qué no es un elogio o una felicitación. Por ejemplo, si un colaborador ha hecho un buen trabajo desarrollando un proyecto y el jefe le dice «gracias», posiblemente quede desconcertado: ¿Gracias por qué, es que me estás utilizando para ganar tú algo?, incluso puede que inconscientemente se quede con la sensación de que el jefe le debe algo. Cuando le haya dado las gracias unas cuantas veces más por otros esfuerzos correctos un día se encontrará con que el colaborador le dirá (o al menos sentirá): «menos agradecer y más pagar».

¡Dar las gracias no es elogiar ni felicitar! Si ese mismo jefe le dice de corazón: «Buen trabajo, eres un fenómeno», el trabajador esbozará una sonrisa y se sentirá recompensado y orgulloso de sí mismo… y de su jefe, y le apetecerá volver a merecer ese comentario. Cierto es que agradecer es mucho más cómodo para cualquier persona que elogiar al otro. Elogiar de verdad es admirar el trabajo que hacen los demás, obliga a no ser egoísta, a dar aprecio, y eso ya no es tan sencillo como parece. Para eso hay que **pillar a los otros haciendo algo bien y decírselo.** Eso nos obliga a observar, a ser generosos, a perder la absurda vergüenza de decir a otro: «¡Me encanta como has hecho eso!».

¿Cómo es posible que nos cueste tanto felicitar el trabajo bien hecho, si además sabemos que eso redundará en satisfacción para el otro y mayor rendimiento para nosotros? Extrañas manías del ser humano, es por eso que increíblemente tenemos que decirnos: **atrévete a elogiar.**

Eso sí, es una herramienta de precisión. Felicitar por felicitar acaba siendo una forma segura de matar este potente sistema de recompensas. Es importante que el otro entienda por qué está siendo valorado, qué es exactamente lo que ha hecho bien, y así apreciará más intensamente el elogio y usted obtendrá más de eso mismo la próxima vez.

Para hacerlo utilice su imaginación y evite formalismos. ¿Se imagina diciéndole a un familiar «te felicito y te doy mi enhorabuena por lo bien que has desarrollado la implementación de la barbacoa»? Seguramente le dirían que si está tonto o está probando con él una técnica de un libro. Nadie suele utilizar el término «te felicito» en ambientes coloquiales, suena a enlatado, a frío, a técnico. El elogio debe ser natural. Si es sincero ¡hasta dicho con «palabrotas» se percibirá como música! Seguro que en cuanto se ponga conscientemente a ejercer esta herramienta de gestión encontrará muchas ideas de cómo hacerlo. Vea algunos ejemplos:

- Llamar a alguien sólo para elogiarle que haya hecho bien algo que sabe que suponía un esfuerzo especial, sin tratar ningún otro tema. ¿Verdad que si no lo hubiera hecho bien o a tiempo le hubiera llamado sin dudar para hacerle algún «comentario»? Pues lo mismo si le ha «pillado haciéndolo bien».

- Placas, o diplomas firmados por todo el equipo por la consecución de objetivos importantes.
- Lograr que sea el jefe de usted el que felicite a su empleado.
- Hacer que el empleado salga en el boletín de la empresa, o que sea el que presente el proyecto ante el resto si eso le motiva.
- Dejar que firme con su nombre como autor del proyecto.
- Aumento de categoría del puesto ocupado. A veces basta con cambiar la nomenclatura del puesto: «adjunto a dirección de marketing» puede ser más estimulante que «administrativo del área de producto».
- Elogio público.
- Elogio privado. A veces es una buena alternativa citar al colaborador con hora concreta en el despacho y simplemente transmitirle sin más la felicitación por una tarea concreta bien hecha, de persona a persona, de profesional a profesional, de jefe a colaborador, sin ruido, sólo para él o ella.
- Para casos en los que se tardará en ver a la persona: Mensaje escrito de felicitación, como e-mail, carta, mensaje al móvil, etc… (¡Ojo, esto debe ser excepcional, ya que si se repite o no se complementa con el comentario hablado cuando contactes con el colaborador parecerá frío y distante!)
- Honores o premios a conceder en el transcurso de una comida de la empresa, o en una reunión o convención.
- Una atención o elogio de la alta dirección de la empresa.
- Una mejora en su puesto de trabajo: mesa, silla, ordenador, pantalla, etc.
- Participar en una campaña de imagen como rostro del departamento o de la empresa.
- Llamar al colaborador a una reunión formal en la que se le dicen los logros y las cosas que hace por las que estamos orgullosos de tenerle en el equipo.

«Hay dos cosas que las personas desean más que el sexo y el dinero: los honores y las alabanzas.» Así se expresa M. Kay Ash, una señora que confiesa no entender de finanzas, pero que ha logrado convertir una idea en un imperio de la industria de los cosméticos, que vendió ya en el año 1983 más de 500 millones de dólares. ¿Cómo lo logró? Hágase la pregunta mágica. Además del sistema de remuneraciones, cuidó exquisitamente los elogios, las convenciones llenas de reconocimientos individuales para los mejores, era generosa en el elogio y el detalle hacia el que cumplía con lo que ella esperaba. En una alocución ante un grupo de directivos Mary Kay observó: «De ustedes depende cómo relacionarse con su personal. ¿Distinguen ustedes con elogios y recompensas a quienes lo merecen? Procuren que la gente que trabaja con ustedes se sientan importantes. Si los honran y atienden serán honrados y atendidos por ellos».

Premio 3

Tiempo

Este puede ser un incentivo tangible muy potente. Además cobra mayor fuerza si somos capaces de usarlo en un momento importante para la persona recompensada. Todos tenemos situaciones personales en las que precisamos tiempo para atender a un familiar, resolver un problema personal, acudir a una boda lejana de un amigo entrañable, atender una cuestión escolar de los hijos, unas jornadas de descanso o poder realizar una escapada con la pareja, sea por placer, porque «hace falta» o por aprovechar un viaje de empresa del cónyuge. Igualmente hay momentos en la vida en la que el tiempo familiar tiene un valor muy especial, generalmente cuando hay niños pequeños en casa. En todos estos casos, aparece «el momento de la verdad», esa oportunidad perfecta para demostrarle al trabajador de calidad que estamos con él, que le valoramos. Es el momento de que cobre la recompensa merecida, de responder a sus necesidades con flexibilidad. Si somos capaces de ello su agradecimiento y valoración por *haber estado ahí* cuando hacía falta será profundo y duradero. En esas ocasiones el tiempo es oro puro, y ese oro tiene mucho valor para el recompensado, siendo casi siempre perfectamente asumible para el recompensador.

Premiar con permisos, con cambios temporales de horario, con días de asuntos personales, o con una mañana o tarde libre puntual suele ser algo que sí está a nuestro alcance, pues a cada jefe le piden resultados y lo que haga esporádicamente con el tiempo de su equipo nadie lo va a mirar con lupa si los buenos resultados llegan.

1. Si la naturaleza del trabajo lo permite simplemente asigne unas tareas concretas, fije un plazo y especifique la calidad que desea obtener. A partir de ahí premie la eficacia con tiempo y no recompense la presencia. Por tanto, permita que se vayan los que han cumplido con las tareas: por ejemplo regalándoles un día libre, permitiendo que se vayan antes esa vez o dejándoles que puedan tomarse un próximo puente que teóricamente era laborable. En todos los casos debemos sumar a esto el «mirar bien» a los que cumplen con su trabajo en el horario y «mirar mal», sin dar el más mínimo mérito, a los que se quedan más horas para hacer lo mismo para que sientan que para usted eso supone que no saben trabajar bien.

2. Priorice la importancia de que el trabajo encomendado esté hecho *bien y a tiempo*, y a partir de ahí deje que los que dan buen rendimiento se organicen a su manera siempre que cumplan esas dos premisas.

3. Haga que cada miembro del equipo forme a otro como sustituto, de forma que cada uno tenga a otro que sepa lo suficiente sobre su tarea, sobre dónde archiva las cosas, etc., como para poder suplirle con solvencia en unos días de baja, una enfermedad o unas vacaciones. Lo ideal es que todos tengan «suplente» y sean a su vez suplentes de algún compañero o compañera. De esta forma será mucho más fácil ejercer esta herramienta sin crear en el colaborador mala conciencia hacia el resto del equipo.

4. Los permisos pueden concederse también como premio por determinadas mejoras de calidad, sobreesfuerzos prolongados, trabajo en equipo o cualquier otra conducta que usted estime importante. Lo importante es que para la otra persona el tiempo que usted le conceda tenga valor.

Para evitar conflictos es importante comunicar bien al resto del equipo que a esa persona se le ha concedido un día, o que durante un periodo llegará o saldrá a otra hora concreta, para que nadie pueda malinterpretar las cosas o pensar que uno de los trabajadores «va por libre» y el jefe se lo consiente o no se entera. Y no tema que el hecho de recompensar con tiempo a los que lo merecen cree diferencias. Simplemente deje claro que todo el que cumpla y trabaje bien y eficazmente tendrá el mismo trato, no es una cuestión de favoritismos, sino de méritos.

Premio 4

Un pedazo de la tarta

La idea es práctica y sencilla:

Los empleados que participan directamente de los resultados se comportan como responsables de los resultados.

Esto se ve claramente en las empresas de socios trabajadores. Los que son propietarios y viven de la empresa difícilmente harán nada que perjudique su productividad y a los beneficios. Según un estudio de la Universidad de Michigan, las empresas con algún sistema de accionariado obrero presentan beneficios una vez y media superiores, en promedio, a las empresas convencionales del sector.

Sin embargo todos conocemos a grandes cooperativas en las que la gente se marcha, o socios accionistas que acaban atacando a la propia empresa en busca de beneficios personales a corto plazo. En ambos casos ser socio no garantizaba una clara participación en los resultados, ya que los gestores se ocupaban de que al final no hubiera mucho para repartir, incluso a veces por el bien de la empresa a largo plazo. Hay mucha gente emprendedora, pero hay muy pocos empresarios, pues no es lo mismo. Por tanto, para mucha gente poseer una mínima parte de las acciones de la empresa no supone incentivo. Sin embargo, beneficiarse directamente de los resultados siempre supondrá una motivación adecuada y eso no implica necesariamente ser socio: basta con que quede claro que se repartirá una parte del beneficio, o del ahorro, o del incremento de ventas, etc. Es decir, en muchos casos bastará con tratarlos como socios, de forma que haya un reparto directamente asociado a lo que logre la empresa. Esto es especialmente indicado para directivos y mandos de cierto nivel, que sentirán más suyo el proyecto.

El éxito de todo programa de participación del personal en los resultados depende mucho de los siguientes factores clave:

- Cuanto mayor sea el porcentaje de participación del personal, más empleados deben poder intervenir en la toma de decisiones que afecten a su trabajo. Si son unos soldados disciplinados ni sentirán, con razón, que participan del éxito ni que son responsables de los malos resultados.

- El régimen de oposición entre los trabajadores que participan de este programa y la dirección debe remplazarse por otro de colaboración. Todos deben aprender a ceder un poco en interés de la prosperidad general.

- Debe hacerse en una empresa cuyo resultado dependa en gran parte de la buena ejecución de todos y que no dependa tanto de la economía en general. Ni el mejor sistema de participaciones hará que una industria automovilística venda más si hay recesión o los modelos están anticuados.

- Se debe dar a los colaboradores que participan en el sistema capacidad de voto u opinión, ya que si no pueden ni votar, ni opinar, nunca se sentirán propietarios o responsables de nada.

- Los que participan deben entender que lo que se obtenga será por los resultados de todo el grupo, por tanto todos deben aportar ya que nada está previamente garantizado. Todos deben conocer la fórmula que se utilizará y el premio alcanzado llegará sólo cuando se obtengan los resultados finales.

- El resultado de referencia al que se asocia la participación debe ser el «gran objetivo» de la empresa, no se trata de incentivos o comisiones por las ventas de cada uno o la aportación al negocio de cada área, sino del resultado final de la empresa en su conjunto.

Premiar al personal con participaciones, sean accionariales o de los resultados no es una cura milagrosa que impedirá una gestión deficiente. Pero si se implanta de forma bien meditada, puede servir de auténtico impulso para el ambiente positivo de la empresa y la productividad.

Premio 5
Promociones y desarrollo profesional

En un reciente estudio que hicimos en la consultora Otto Walter, sobre las razones por las que los profesionales cualificados se marchaban de las empresas o se desmotivaban, resultó que las dos primeras razones, por encima incluso del sueldo fijo, eran: posibilidades de desarrollo profesional y calidad de relación con el jefe directo.

Ojalá me hubieran dado una moneda por cada vez que he oído la frase: «He dejado la compañía porque me di cuenta de que allí no había carrera para mí». Las empresas suelen perder a varios de sus mejores profesionales cuando éstos son captados por otras empresas que ofrecen más responsabilidades, un desafío más importante y más posibilidades de promoción. Las personas que usted preferiría retener son al mismo tiempo aquéllas más buscadas por el resto de empresas, y entre ellas sus competidores. Muchas veces buscamos fuera alguien capaz de asumir retos nuevos o difíciles y no se aprovecha la oportunidad para promocionar a alguno de esos trabajadores que han demostrado que trabajan bien y que están deseando crecer en la empresa. Se merecen la oportunidad y supondría un excelente ejemplo para todos los demás.

No hace falta tener miedo a equivocarse en un nombramiento por promoción interna. Si se comunican las cosas bien y se le da la oportunidad de probar y un periodo para revisar a tiempo la decisión, sea para ratificarla, corregirla o dar marcha atrás, no pasará nada y el haber contado con el otro para esa oportunidad seguirá contabilizando como recompensa aun retrocediendo la decisión si posteriormente ambos comprueban que no ha sido adecuado el nuevo puesto.

Hay veces que no es posible una promoción jerárquica, ya que a menudo no hay puestos para ascender a todos los que lo merecen. Pero quizás usted podría premiar con un encargo especial o con nuevas responsabilidades, mediante las cuales la persona en cuestión pueda desarrollarse profesionalmente y aprender nuevos campos, o simplemente asumir un nuevo reto muy desafiante y motivante para él o ella. Un ejemplo de esto puede ser un salto lateral a otro puesto donde el empleado pueda adquirir una especialidad interesante en su crecimiento profesional.

Conozco una empresa que tenía un «cuello de botella» y no podía dar cancha a un magnífico colaborador. Estaba claro que lo perdería, así que le buscó un puesto interesante en una de sus proveedores donde pudiera continuar su carrera. Cuando tuvo la oportunidad años después, el empleado fue recuperado para la empresa a un puesto superior y encima estaba mejor preparado. En otro caso se estableció un escalafón y criterios diferentes para un colectivo de técnicos de sistemas que no era posible ascender por falta de estructura en la empresa, y se creó la fórmula para que varios pudieran promocionar dentro del mismo departamento, ascendiendo de categoría sin tener que asumir responsabilidades gerenciales.

Premio 6

Tareas preferidas y trato de más calidad

Siguiendo el segundo valor más destacado del estudio de Otto Walter, la calidad del trato del jefe es un elemento determinante. Una posible recompensa es dedicarle más tiempo al colaborador destacado, que sea el propio jefe el que le atienda o ayude en ciertas cosas, tener con este colaborador despachos periódicos para interesarse por él o su tarea, yendo a comer o desayunar con él, ser exquisito en el trato, en suma, tratarle como el profesional valioso que es, escucharle más que a otros, explicarle ciertas cosas, anticiparle discretamente ciertas decisiones, consultarle ideas o pedirle opinión para temas importantes. Mostrar nuestro apoyo y respeto en todo ámbito y provocar contactos positivos, como preocuparse por su plan de vacaciones. Usualmente los jefes solemos «olvidarnos» de los mejores, de los que trabajan y resuelven. Y a eso están acostumbrados, por ello la atención especial supone una inesperada recompensa y un claro gesto de valoración hacia los mejores trabajadores, muy especialmente para los silenciosos.

Para premiar un buen rendimiento también cabe la posibilidad de premiar a la gente eficaz dándole trabajo del que le gusta o le gustaría probar y descargarle de tareas que no le agradan. Como normalmente las personas disfrutan haciendo lo que saben hacer bien y lo que es compatible con sus puntos fuertes, tiene usted ahí un recurso poderoso para mejorar el rendimiento de los que ya de por sí destacan. En esencia es como decirles: «Dígame lo que usted prefiere hacer, hágalo bien, y le daré más de lo mismo. Al mismo tiempo le liberaré de mucho de lo que sé que no le gusta».

Premio 7

Más autonomía

La libertad y la autonomía de acción pueden ser recompensas eficaces para quienes ocupan puestos muy controlados, o cargos intermedios con poca capacidad de decisión. En esencia usted puede decirle a esas personas: «Haced bien vuestro trabajo y seréis vuestros propios jefes». Por ejemplo, una medida liberadora es la supresión de tener que fichar a la entrada y la salida en empresas que utilicen ese sistema. Dar poder de decisión en cuestiones que normalmente tendría que autorizar el jefe, para ello basta con dar al colaborador la formación suficiente y trasladarle los criterios para que pueda operar por sí mismo, con el respaldo total del jefe. Dejarles que cumplan con su tarea a su manera y dejarles actuar a su criterio siempre que obtengan el resultado esperado.

La libertad es un incentivo muy potente para mandos, para gente joven y para veteranos con experiencia. Como dijo un obrero de gran rendimiento y experiencia: «No me importa que me empujen si soy yo el que lleva el volante».

Esta recompensa, además, lleva añadida una alta carga de delegación lo que redunda en eficacia para todos. Ahora bien, «para delegar hay que tragar», pues hay jefes que delegan pero no sueltan.

Si se quiere premiar con autonomía, hay que permitir que el trabajador haga las cosas a su manera siempre que no se aparte de las normas básicas y sea eficaz. Igualmente hay que dar soporte moral absoluto, es decir, si el colaborador al que el jefe le ha otorgado libertad se equivoca, es el jefe el que igualmente se ha equivocado, el premio se convertiría en castigo si cuando el asunto sale mal la culpa recae sobre el otro.

Premio 8

Formación

Muchas empresas gastan mucho dinero en formación sin usarla como recompensa. Esta es una recompensa muy importante para profesionales y técnicos. Hay muchos colectivos que podrían conseguir un buen trabajo y un buen sueldo en cualquier parte, y para fidelizarlos e incentivar su buen rendimiento una de las pocas formas de recompensar que quedan es saciar su sed de aprendizaje, darles trabajos y proyectos que les suponga formarse y con oportunidades de desarrollar sus conocimientos y seguir perfeccionándose. Según diversos estudios, para muchas mujeres el aprendizaje y la satisfacción en el trabajo es uno de los más potentes incentivos.

Hay dos maneras de administrar esta recompensa. La primera consiste en confiar a la gente que merece un premio con trabajos que supongan una oportunidad para ponerse a prueba y aprender cosas nuevas, ya sea perfeccionando su especialidad, como abriendo nuevos campos de su interés. La segunda es facilitar que los más destacados asistan a acciones formativas de nivel, como cursos especializados, formación de prestigio, conferencias o ampliación de estudios. También entraría en este concepto propiciarle que visite otra delegación, o país, donde pueda observar un nuevo proceso.

En todo caso conviene dar a la formación un valor añadido. Esto implica no contratar jamás una formación que no esté claramente recomendada por quienes la han recibido antes, y comunicarla como una concesión especial de alto coste. Si parece que la formación es gratis, o si los cursos son decepcionantes, la acción dejará de ser una recompensa. Si contrata formación, contrate siempre la mejor, no se la juegue. Un curso barato que no aporta nada ¡sale carísimo!

Premio 9
Un poco de diversión

Existen trabajos donde es difícil conseguir que nadie se tome mucho interés, por más cosas que uno haga. También hay momentos en los que el resto de recompensas no son oportunas. No obstante, a menudo hemos visto que nos levantamos muy temprano o salimos en medio de una tormenta sólo porque la ocasión es divertida. El buen director ha de procurar que haya alegría en el trabajo, buen humor y buen ambiente laboral. Y es bueno utilizar esto como incentivo, lo cual es como decirle al equipo que «mientras cubramos todos nuestros objetivos, no importa que haya un poco de jarana».

Ahora bien, no todo el mundo se divierte con las mismas cosas. Conviene consultar al grupo las medidas que podrían implantarse para hacer más agradable el trabajo, o darse «un homenaje». Para esto se pueden organizar pequeñas juergas, cenas, una salida a un espectáculo o una acción *outdoor* original, una actividad especial (subir en globo, un curso de conducción, etc.). También podría servir poner un tablero para ideas, artículos o fotos humorísticas, o dejar celebrar los cumpleaños o logros en la oficina permitiendo un buen rato de escaqueo general, con tarta y velas. O poner música si no la hay.

Cualquiera que sean los incentivos para dar alegría al trabajo, recuerde la regla que casi siempre funciona para que la labor sea productiva y divertida al tiempo: **hacer que todos se sientan ganadores.**

Por ello es bueno todo lo que ayude a que todos se sientan

miembros de un equipo extraordinario y vencedor. A los seres humanos les agrada identificarse con el éxito y hacemos casi cualquier cosa por obtener ese privilegio. En todo caso, la risa siempre es buena y aleja los malos humos. Un rato de chistes, dejar que una comida entre compañeros se dilate si está siendo divertida y sirve para hacer equipo, siempre puede ser beneficioso cuando los resultados van bien y todos están haciendo un buen esfuerzo para ello.

Premio 10

Regalos

La posibilidad de premiar el rendimiento con regalos no tiene más límite que la imaginación. Aquí, más que nunca, no es cuestión de dinero, sino de acierto en tiempo y forma. Desde una cena familiar pagada por la empresa en un restaurante exclusivo coincidiendo con algún aniversario, billetes para un acontecimiento deportivo o musical, unas entradas para el teatro, un fin de semana en un hotel con encanto, una suite de lujo por una noche en un hotel de la propia ciudad, unas flores o cualquier cosa que sea oportuna para la persona halagada.

Una empresa utilizó los regalos para luchar contra el absentismo y fomentar la puntualidad. Los trabajadores que llegaban puntuales durante todo el mes tenían derecho a participar en un sorteo para un regalo. Y los que alcanzaran seis meses seguidos de puntualidad entrarían en el sorteo de un televisor de última tecnología. Los retrasos cayeron en picado, y las bajas por enfermedad disminuyeron un 62%.

Otra forma de aplicarlo es repartir entre el equipo alguno de los regalos que suelen llegar al departamento, de esos que envían los proveedores, etc., como puedan ser una caja de botellas de vino, un reloj, unos bolígrafos especiales, etc.

A nada que se esfuerce, por muy poco dinero respecto al rendimiento que le está dando el colaborador, puede darle una recompensa que verdaderamente cause impresión. La sorpresa, o la ocasionalidad, jugarán a su favor, porque tendrá tanto mérito el regalo como el detalle de haberlo pensado y buscado.

Conclusión

En resumen, según la persona, el puesto y la situación, cada una de las recompensas que hemos ido describiendo puede ser eficaz para obtener buenos rendimientos. Y si pone atención seguro que sabrá encontrar las adecuadas a cada circunstancia y cada persona, pero de momento podemos retener estos puntos importantes:

Las dos recompensas mas importantes son el dinero, si está por debajo de la media, y el siempre eficaz elogio público.

Al recompensar, el cómo se da, es tan esencial como lo que se da.

No podrá remunerar por igual todos los comportamientos deseados, ni siquiera debe intentarlo. La misión del directivo consiste en decidir cuáles son los modelos de comportamientos más importantes en un sector y momento determinado, y en suministrar el mejor premio posible para los mismos.

Resumen

PREMIE	NO PREMIE
Las soluciones sólidas	Las chapuzas de urgencia
El espíritu atrevido	La cautela temerosa
La creatividad e innovación	El conformismo pasivo
La acción decisiva	La parálisis por el análisis
El trabajo inteligente	La mera laboriosidad
La simplificación	La complicación inútil
La eficacia	La apariencia o la presencia sin más
El trabajo de calidad	El trabajo rápido
La lealtad	La rotación del personal
La colaboración en equipo	El individualismo y unos contra otros

UTILICE PARA ELLO LAS SIGUIENTES RECOMPENSAS

Dinero

Elogios

Tiempo libre

Un trozo del pastel

Trato de más calidad y tareas preferidas

Promoción

Autonomía

Formación

Diversión

Regalos

Para ayudarle a decidir, aquí tiene algunas orientaciones generales:

- Premie las soluciones sólidas cuando trate de asegurar la consecución de objetivos a largo plazo.
- Premie el espíritu de riesgo, la creatividad, la innovación y la acción decisiva cuando haya que reforzar la mentalidad empresarial.
- Premie el trabajo inteligente, la simplificación, la eficacia silenciosa y el trabajo de calidad cuando sea cuestión de aumentar la productividad y la rentabilidad.
- Premie la lealtad y la colaboración a fin de crear espíritu de equipo y de trabajo en común.

En un último análisis, la dirección de personas siempre será más un arte que una ciencia; el éxito por tanto, depende en gran medida de su juicio y su habilidad. Aquí tan sólo damos la tela, los pinceles, una paleta básica de colores y unas pocas lecciones y criterios esenciales. La creación de la obra maestra ya es cosa suya, así que adelante, que hasta Velázquez y Dalí empezaban sus cuadros con un primer trazo.

Tercera parte:

PLAN DE ACCIÓN: CÓMO SER UN GESTOR 10

¿Se ha preguntado alguna vez cómo es posible que haya gente que se apasiona tanto por sus hobbies, y pasan en cambio por sus puestos de trabajo como sonámbulos? En el mundo del trabajo, hoy en día, son pocos los que caen exhaustos por agotamiento, y muchos los que se marchitan de fastidio. No es que se tienda a la pereza, lo que pasa es que mucha gente encuentra en sus pasatiempos algo que no les proporciona el trabajo. Imaginemos lo productivos que seríamos todos si el trabajo nos emocionase como nuestras aficiones.

Para que la gente se tome con interés una actividad, de cualquier género, es preciso que dicha actividad contenga cuatro ingredientes básicos:

1. Un objetivo coherente, lo que implica saber para qué es su trabajo y entender que aporta algo valioso a alguien: clientes, compañeros, etc.
2. Un sistema de medida, de manera que el practicante pueda valorar sus progresos.
3. Una técnica que, si se domina, permita alcanzar el objetivo cada vez mejor.
4. Un premio o recompensa atractivo.

Por ejemplo, un empleado que trabaja a medio gas, es posible que en sus horas libres practique intensamente algún deporte o juego al que se entrega con entusiasmo. Ahí posiblemente tenga un buen objetivo claro y un sistema de medición: pasar un buen rato con los amigos, ganar el partido, mejorar un tiempo o una puntuación, etc. Además posee una técnica que desea perfeccionar y que pone al servicio del objetivo. Por último considera que los elogios, los amigos, el buen rato y la autosatisfacción son una buena recompensa para el esfuerzo que hace. Probablemente el trabajo de ese empleado carece, por lo menos, de uno de estos cuatro elementos y por eso ha dejado de interesarle.

Vamos a ver un plan de acción que utiliza estos cuatro ingredientes para tener a la gente interesada, contenta y en disposición de rendir más. Y antes estableceremos las reglas fundamentales y unos puntos clave a observar cuando se trata de dirigir mediante el GSM:

- Nadie trabaja para usted. Cada uno trabaja para sí mismo.
- A sus empleados no les importa lo que usted necesita ni la décima parte de lo que les importa lo que necesitan y desean ellos.
- Su trabajo como jefe consiste en trasladar bien los objetivos y crear un sistema de recompensas mediante el cual sus empleados consigan lo que necesitan y logren buenos resultados haciendo las cosas apropiadas.
- Ningún sistema de recompensas hará que funcionen las cosas si la gente carece de la capacidad, de la autoridad, de la formación y de los instrumentos necesarios para hacer el trabajo.
- Las personas satisfechas producen mejores resultados, y el alcanzar buenos resultados ayuda a que las personas estén contentas y satisfechas. Uno de los secretos de la automotivación consiste en hacer bien todo aquello que hagamos, eso reconforta y fortalece el espíritu, la autoestima y la seguridad en uno mismo. Así que no se preocupe tanto de conse-

guir buenas actitudes. Haga que se logren buenos resultados, otorgue buenos premios y las actitudes aparecerán por sí mismas.

- Utilice los castigos y estímulos negativos sólo cuando lo demás haya fallado y cuando sean absolutamente necesarios. Un sistema de estímulos positivos siempre es una solución más sólida a largo plazo. Si ve necesario un castigo, pregúntese si realmente había establecido recompensas para la conducta contraria que hubiera sido la correcta y quizás encuentre la causa del fallo cometido.

Tras estos puntos clave, vayamos ya a establecer un plan ganador:

Primer paso

Elegir el resultado deseado

El buen directivo empieza por unos objetivos firmes, definidos y especificados **por escrito**. Reúnase con la persona que debe guiar y comuníquele en términos claros, no susceptibles de interpretaciones erróneas, qué objetivos clave debe cubrir esa persona y qué espera exactamente de ella para un periodo determinado. Para ayudar a plantear unos objetivos adecuados, recuerde los principios siguientes:

- Los objetivos de cada miembro de su equipo deben confluir en su objetivo como director del equipo y contribuir al objetivo de la empresa. Explíquele a su gente cuál es el objetivo empresarial y el del área que usted dirige, y pregúnteles: «¿Qué pueden ustedes aportar a esto?» Con las ideas obtenidas y sus propios enfoques ya tendrá información suficiente para elaborar unos objetivos compartidos.
- Asegúrese de que los objetivos de ellos están expresados en resultados a conseguir, no como actividades a realizar. Visitar a diez clientes en los próximos quince días es una actividad, y aumentar la cifra de ventas en un 20 por ciento en los próximos seis meses es un objetivo. Una vez que los objetivos concretos estén claros dedíquese a ayudar al colaborador a que encuentre un buen camino concretando las diversas actividades que le llevarán al triunfo.
- Exprese los objetivos de forma breve y escrita. **Máximo una hoja por una cara.** Muchos objetivos es igual a ningún com-

promiso concreto. Si no es capaz de simplificar en una hoja los objetivos de alguien, es que está claro que no están claros. Lo breve, concreto y escrito mejora la calidad y queda más definido y entendido.

- Siempre que sea posible, deje que sea la gente quien establezca sus propios objetivos o al menos participe en su elaboración; pero si ellos prefieren que lo haga usted, o las circunstancias así lo requieren, no vacile. Lo que cuenta por encima de todo es que todos entiendan qué se debe hacer y por qué.

- Instituya un corto número de objetivos por persona, y póngalos por orden de prioridad, para que en la duda siempre se sepa cuál debe ir delante de cuál. En general más de tres objetivos prioritarios significa desconcierto general. Compruebe de todas formas que los objetivos son compatibles entre sí, y si la consecución de uno puede implicar la disminución de otro, aclare la situación.

- Los mejores rendimientos se obtienen con objetivos que supongan un desafío. Anime a su gente a que se plantee retos lo bastante fuertes como para que sean importantes, pero no tanto que sean absurdos o desmotivantes.

Una de las cosas más esenciales que conviene recordar acerca de los objetivos es que:

Sólo se planifica y se logra aquello que puede medirse.

En consecuencia, es imperativo que toda meta importante lleve asociada un sistema de puntuación. Toda meta importante debe tener una medida de excelencia verificable. No haga caso de la clásica objeción: «mi trabajo no es medible». Cuando no hay manera de medir el rendimiento de una persona es muy probable que esté lejos de aportar todo lo que podría. Para decidir el sistema de medida tenga en cuenta los puntos siguientes:

- El sistema debe ser sencillo. Cada objetivo debe poder medirse con uno o dos parámetros, de lo contrario sería farragoso y además todos perderíamos demasiado tiempo para medir en vez de ser eficaces trabajando.
- Premie los resultados en todo su contexto, no sólo la cifra final. Debe alentar y guiar las actividades durante el camino y aunque al final lo que cuenta son los resultados, si las actividades han sido las correctas, los resultados también lo serán. Por tanto, recompense a los que han ejecutado bien todas las tareas que se establecieron en pos del objetivo, incluso por encima de los que han logrado un resultado más vistoso gracias a chapuzas de urgencia. Por tanto es importante que las actividades también tengan medida, así podrá distinguir a los que han trabajado bien de los que no.
- Los mejores sistemas son los que pueden ser seguidos por los afectados, de manera que ellos mismos puedan vigilar su rendimiento y corregirse en caso necesario. Por ello, cuanta más transparencia en la medición mejor.
- Es más importante medir los resultados del grupo que los individuales. El rendimiento del grupo es el que cuenta más, por ello debe hacer que todos sepan en cada fase cómo va el equipo en su conjunto, eso alentará el trabajo en equipo.

Una vez determinados los objetivos, las actividades y las recompensas se puede proceder al:

Segundo paso

Identificar el comportamiento necesario

Es importante que la gente conozca y entienda sus objetivos y las tareas necesarias para alcanzarlos, pero todo ello no se alcanza solo, sino a través de una serie de conductas. Así pues, el paso siguiente consiste en determinar cuáles son los comportamientos esenciales para la obtención de un rendimiento adecuado. Para identificarlos intente lo siguiente:

1. Pase revista a los diez modelos de conductas deseables explicados y haga una lista por escrito con los que le parezcan más esenciales para el buen hacer de uno de sus colaboradores. Clasifíquelos por orden de importancia.
2. Pídale a la persona que debe alcanzar los objetivos que haga lo mismo sin enseñarle la lista que ha hecho usted.
3. Reúnanse y lleguen a un acuerdo sobre los modelos de comportamiento más importantes para el éxito y la mejora de su rendimiento en general y aclare el orden de prioridad. Por ejemplo, el 1 podría ser innovación y el 2 trabajo en equipo... Tras esto aclare con ejemplos lo que significa para usted cada uno de ellos en situaciones del día a día.

Tercer paso

Decida las recompensas

Tal vez recuerde varias situaciones en las que ha visto cómo una definición de objetivos por escrito no ha funcionado. Una de las razones de que fracasen tantos programas de dirección por objetivos es que éstos no se han puesto en relación con unas recompensas específicas y adecuadas. Que los objetivos estén correctamente definidos sólo sirve para que la gente comience a moverse, pero hacen falta unas buenas recompensas para que sigan moviéndose y lo hagan en la dirección correcta. Querer conseguir mejores resultados sin ofrecer nada a cambio es como querer que un motor ande sin poner combustible. Todo el GSM descansa en la premisa general de que los resultados correctos se obtienen cuando se premia adecuadamente la conducta correcta.

Como son tantas las formas de recompensar quizá se pregunte: ¿Cómo elegir el premio para cada uno? Encontrar la respuesta es más fácil de lo que parece: pregúnteselo a ellos y observe sus motivaciones.

Cada uno atribuirá una importancia diferente a cada clase de recompensa, de manera que cuando se reúnan para definir los objetivos, tómese tiempo para definir también los premios específicos. Haga una relación de los que pueden ser posibles para cada uno y, si es preciso, que ellos elijan uno o varios de ellos. Asegúrese de que se haya concretado bien el premio y que éste sea proporcionado a la importancia del objetivo. En los cometidos en grupo hay que verificar que todos saben cuál será su recompensa si el grupo alcanza sus metas. Por ejemplo: «La recompensa por la consecución del objetivo será: invitación a un fin de semana con la pareja en un hotel especial, a elegir por el trabajador con un coste máximo de "X", o cambio de puesto de trabajo al área Z, etc.»

Procure que la gente recuerde a menudo su acuerdo para que le sirva de estímulo para sus actividades diarias.

Cuarto paso

Aproveche la fuerza del análisis positivo (feedback)

Suponga que se han seguido hasta aquí las recomendaciones: plantear objetivos, identificar los modelos de conducta necesarios para alcanzar dichos objetivos y definir las recompensas. ¿Cree que ahora se puede uno sentar a esperar a que lluevan los resultados? Evidentemente sería un error. Este rompecabezas tiene otra pieza esencial: el feedback positivo.

La consecución de un objetivo importante puede llevar semanas, meses e incluso años. El personal necesita un estímulo frecuente para perseverar con entusiasmo. La manera de mantener la orientación correcta y la motivación consiste en aplicar el feedback positivo. Busque lo bueno de la gente y hágales saber que lo valora mucho. Tómese la molestia de elogiar el buen comportamiento y verá cómo éste se repite. Como decía Robert McNamara: «Los corazones y los cerebros se dirigen allí donde se les aprecia».

A estas alturas ya hemos definido las conductas que deseamos y esto era necesario a fin de saber qué necesitamos recompensar o corregir mediante la realimentación positiva. Para ponerla en marcha emita mensajes que reúnan las condiciones siguientes:

- Sea concreto, indique exactamente qué ha hecho bien el trabajador.
- Sea sincero, no adule por adular, simplemente diga abiertamente lo que verdaderamente le ha parecido bien.

- Felicite tan pronto como vea el buen comportamiento, «pille a su gente haciendo las cosas bien y dígaselo».
- Personalice el elogio, hágalo natural, de corazón y dirigido al individuo.
- Haga elogios proporcionados a la importancia de lo hecho. Pequeños aciertos pueden comentarse con un simple: «¡apúntate una!» o «¡bien hecho!», y grandes éxitos pueden requerir acciones de reconocimiento más contundentes.
- Sea preciso pero generoso en el elogio. En caso de duda más vale pasarse de felicitaciones merecidas que quedarse corto, ya que un comentario de más pasará desapercibido pero uno de menos puede ser suficiente para generar la desmotivación. Recuerde que es mucho más fácil desmotivar que motivar.

Es más eficaz el efecto si se hace de forma irregular. Si tras cada contrato el jefe da un elogio pronto parecerá parte del protocolo. En cambio, el elogio dispensado según dictamine el destino aumenta la probabilidad de que el colaborador siga esforzándose por merecer otro comentario positivo. Viene a ser como un pequeño juego, se sabe que llegan premios cuando se hacen las cosas bien, pero no exactamente cuándo.

Cuando se vea obligado a formular una crítica o una amonestación, porque alguien no haya hecho bien su trabajo, tenga presente esta regla: **Elogia al obrero y critica la obra.**

A nadie le gusta que le saquen defectos a su trabajo, después de haber invertido en el mismo su tiempo su esfuerzo y su interés. Conviene recordar que casi nadie hace mal un trabajo a propósito, al menos según su propio punto de vista. Sin embargo, el señalar los errores e indicar las correcciones necesarias es parte esencial de la tarea de los directivos; tanto, que es una de las funciones que demandan los propios colaboradores a sus propios jefes para mejorar. Lo que ocurre es que hay que hacerlo muy bien y lo más frecuente, a pesar de lo delicado del tema, es hacerlo sin medir las palabras.

Cuando se vea usted en la necesidad de ser crítico, vaya con mucho cuidado: es como andar en un campo minado, cualquier paso en falso puede ser fatal. Verifique con minuciosidad lo ocurrido antes de tratar el asunto, ya que muchas veces las cosas no son lo que parecen y una amonestación injusta deja una profunda huella de resentimiento en el colaborador. En la duda, primero averiguar lo ocurrido con precisión y luego actuar, y si no hay duda, también, por si acaso.

En caso de tener que corregir una acción incorrecta debe hacerse con objetivo constructivo, y nunca para «machacar» al empleado. Respete siempre al trabajador y corrija el comportamiento incorrecto. La forma de hacer el comentario es esencial y, como en el elogio, es bueno hacerlo cercano en el tiempo a lo ocurrido, pero a diferencia de aquél se debe hacer en frío, pues *en caliente* será difícil decir las palabras oportunas y meditadas.

Procure no empezar la crítica poniendo el dedo en lo que está mal hecho. Con eso las personas se ponen a la defensiva y en esa actitud es imposible escuchar ni construir. Es preferible comenzar por expresar el aprecio sincero por el trabajador y luego tratar el aspecto concreto que no le ha parecido correcto. De alguna forma es como decir: «es usted un buen profesional y *esto* que ha hecho es incorrecto», y que no pueda sonar a: «es usted un inepto». Lo que deseamos es que entienda que no pensamos que el trabajador «sea malo», sino que «ha hecho algo mal».

Tras esto ya se puede entrar en lo más crucial en estos casos, que es tomar las medidas para que este tipo de fallos no se vuelvan a cometer, que en realidad es lo único que importa. Descalificar al otro en su conjunto no nos lleva a ningún sitio. Al fin y al cabo, un error que nos ha servido para aprender y mejorar está bien rentabilizado, e incluso en muchos casos, acaba siendo la base de un éxito futuro gracias a lo que se aprendió con aquello. Ante una crítica constructiva, el interlocutor debe quedar enterado de los errores que ha cometido y de cómo remediarlos. Al mismo tiempo se le imbuye de aprecio profesional por el conjunto de su actuación y se le fomenta el deseo de mejorar. Antes de expresar una crítica, asegúrese de que va a servir para todo esto.

Ahora bien, ser constructivo y comprensivo en los fallos no quita que haya que ser muy claro en ciertos errores. Para casos graves es importante aclarar las consecuencias negativas que tendría el hecho de que el colaborador volviera a repetir un fallo de ese tipo, para que luego no haya malos entendidos. Muchas veces la falta de firmeza y claridad en estos momentos nos impide dar los mensajes precisos e inequívocamente entendibles, para que se comprenda que si vuelve a ocurrir algo así originaría la «autoexclusión» del colaborador. Incluso en estos casos finalice ofreciéndole su ayuda para mejorar y deséele éxito sincero en su esfuerzo de mejora.

Quinto paso

Reparta los premios, celebre el éxito y defina nuevas metas

Esta es la parte más fácil y divertida del GSM, pero por desgracia no siempre se habrán obtenido los resultados y rendimientos deseados. En tal caso nuestra obligación es analizarlo con los responsables y tratar de averiguar qué salió mal. ¿Qué debería cambiar para que el éxito aún sea posible en alguna medida? ¿Qué mejorar de cara al futuro? Concéntrese en los remedios y soluciones y no en buscar culpables, ni permita que nadie lo haga. Dígale a todos que valora los esfuerzos realizados si éstos fueron correctos, señale lo que se hizo bien y luego póngase a trabajar para poner en marcha las nuevas metas.

En definitiva, se trata de que en todos los casos el control permanente del jefe esté siempre orientado a ayudar y animar a llegar, y no tanto para ver lo que ya no se ha hecho. Para eso no hace falta un directivo, basta con un vigilante (que por cierto es mucho más barato).

Recapitulación

Las principales claves y orientaciones para ser un gestor 10 se resumen en:

1. Elija los resultados que desea
2. Concrete con el equipo las acciones que llevarán al éxito
3. Identifique el modelo de comportamiento necesario
4. Decida el premio adecuado
5. Aproveche durane el camino la fuerza del feedback positivo
6. ¿Resultado conseguido?:

   Sí: premie, celebre el éxito y vuelva a empezar con las nuevas metas..

   No: analizar, clarificar, cambiar y volver a empezar.

Una vez haya establecido un sistema de recompensas positivas, por la consecución de los objetivos adecuados, de la forma correcta, las personas se convierten en excelentes directoras de sí mismas. Lo que equivale a más tiempo para usted para hacer otras cosas, que no deja de ser una buena recompensa. Al fin y al cabo, el GSM parte de un concepto principal:

Dirigir no es mandar a la gente,
sino conducirla al éxito.

Cuarta parte:

PLAN DE ACCIÓN PARA LA MEJORA PERSONAL. SEA USTED MISMO SU MEJOR ENTRENADOR

El que obtiene una victoria sobre otros hombres es fuerte, pero el que consigue vencerse a sí mismo, ése es todopoderoso.

LAO-TSÉ

¿Ha leído alguna vez un libro o asistido a un cursillo de gestión eficaz del tiempo? Si es así habrá visto centenares de consejos y conocimientos para trabajar mejor y aumentar el rendimiento. Pero la mayoría de las veces no le habrán resuelto cómo arreglárselas para que esas técnicas tan interesantes se conviertan en algo tan natural como cepillarse los dientes, en suma, cómo lograr un cambio afianzado de comportamiento. La solución para evolucionar como persona y ser capaz de aprender e integrar nuevos hábitos es seguir un sencillo método de trabajo. Ojo, que he dicho sencillo, no fácil, que no es lo mismo. Cambiar a un adulto es una tarea ardua que requerirá por su parte de mucha fuerza interior, una voluntad clara de mejorar y una dosis de autodisciplina, porque la tentación de volver a lo de siempre estará presente en todo el proceso.

El método se basa en una idea: **Escoja una técnica nueva cada vez y practíquela durante tres semanas.**

Sólo tres semanas son suficientes para transformar un modelo nuevo de comportamiento en un hábito dominable y confortable. Pero la mayoría de las personas que se disponen a desarrollarse suelen ensayar cambios radicales y completos de comportamiento, lo cual resulta insoportable y hace que recaigan en antiguas costumbres convencidas de que ya no pueden cambiar a su edad. La clave para obtener cambios permanentes de conducta es que los mismos sean graduales, suaves y sistemáticos. No es cuestión de edad cronológica, sino de afán y apertura para aprender, para probar cosas nuevas, para mejorarse, pues los que siguen manteniendo viva su actitud de aprendiz se mantienen siempre jóvenes de espíritu.

Pase revista a los comportamientos que desea mejorar, a continuación elija un solo hábito nuevo, el que le parezca más útil o que más le pueda ayudar, y practíquelo durante tres semanas sin fallar ni una sola vez. En cuanto haya decidido el nuevo hábito coménteselo a las personas de su entorno para que le apoyen y empiece a practicarlo inmediatamente.

No espere a tener ganas de cambiar o que aparezca el mejor momento. El mejor momento para empezar a mejorar es siempre **ahora**, porque el momento «ideal» no llegará nunca. Simplemente compórtese de la manera que quiere llegar a ser, aunque le salga raro y le den ganas de ponerse un cartel en la espalda que diga «profesional en prácticas», siga hasta el final y pronto las cosas encontrarán su sitio.

Ahora sólo falta aplicarse a sí mismo el GSM: **Elegir un premio adecuado.**

Esta es la parte más agradable del plan. Cuando elija un nuevo comportamiento escoja también la recompensa que piense concederse a sí mismo después de las tres semanas de practicar ese hábito sin interrupción. Será su incentivo para practicar el nuevo modelo de conducta hasta que se haya convertido en un hábito natural que encontrará con facilidad cuando lo busque. El premio que se marque no tiene por qué ser algo enorme o caro, sino algo que tenga sentido para usted, que le haga ilusión tener o hacer. Algo que desee de verdad: una película, un CD de música, una buena cena, una botella de un vino especial, una joya, unas vacaciones, etc.

Ya sólo tiene que poner por escrito el nuevo hábito así como la recompensa antes de comenzar. Además tenga esto presente: «Todo nuevo hábito positivo que se adquiere lleva en sí mismo la recompensa de hacer las cosas bien, del aprecio de los demás y la mejora de resultados.»

Si ha practicado un hábito nuevo durante tres semanas sin fallo alguno, es probable que lo convierta en una costumbre arraigada y pronto podrá ser una virtud real. Así pues sea perseverante, concédase un premio, apláudase a sí mismo y aborde otro nuevo hábito con su premio correspondiente durante otras tres semanas. Si mantiene este ciclo de autoentrenamiento, cuando hayan pasado varios meses empezará a observar cambios drásticos y duraderos en su forma cotidiana de hacer las cosas, en la manera de afrontarlas, es decir, en su propia eficacia personal y profesional.

Si «se pilla» a sí mismo recayendo en las viejas costumbres vuelva a empezar desde el principio. Una vez haya practicado con éxito el hábito rebelde durante tres semanas seguidas, prémiese y siga con el plan. No se haga trampas a sí mismo y si no se fía de usted explíquele su plan de mejora a alguien de su confianza para que le vigile. Mejor aún, encárguele la custodia de la recompensa que pensaba darse para que sólo se la entregue si realmente cumple usted su objetivo.

Como habrá visto, el GSM puede ser un gran instrumento para su propio desarrollo y le permitirá alcanzar cualquier ambición que se proponga: aprender una técnica, comenzar una afición nueva o mejorar cualquier aspecto de su vida en que intervenga el comportamiento consciente.

A fin de cuentas, pocas veces tenemos control sobre nuestros sentimientos, pero todos tenemos dos inmensos aspectos en los que sí tenemos capacidad para actuar y que podemos cambiar y controlar si queremos y así canalizar lo mejor de nosotros y obtener energía y fuerza ilimitada. Todas las personas somos dueños y podemos cambiar a nuestro antojo, si nos lo proponemos...:

De lo que pensamos

Y de lo que hacemos (nuestro comportamiento)

Con eso basta para hacerse el director de su propia vida: ¡Adelante, hágalo!

Capítulo extra

Cómo influir mejor en su jefe por medio del GSM

Usted no tiene por qué amar a su jefe, ni tampoco odiarlo. Y si bien todo jefe debería ganarse el respeto de todos los que le rodean por su buen hacer, lo que usted debe hacer es «dirigirlo» adecuadamente para que se convierta en uno de sus mejores colaboradores, tenga el nivel de liderazgo que tenga.

Una de las cosas más curiosas del GSM es que casi cualquier persona puede utilizarlo para dirigir e influir en cualquiera. Para ilustrarlo tengo un ejemplo real que ocurrió hace unos meses: Nina, una niña de 9 años no quería tomar fruta, así que sus padres decidieron recompensarle con un sabroso dulce cada vez que comiera una pieza sin rechistar. Al principio fue un éxito y pronto dejó de quejarse cada vez que estaba ante el plato de fruta, pero al cabo de unas semanas empezó a negarse a comer todo aquello que no le hacía mucha gracia, exigiendo algo bueno a cambio como unas patatas fritas o salsa ketchup. Finalmente los padres procuraron cocinar cuidándose de incluir siempre algún pequeño capricho que sabían que le agradaría a su hija para garantizarse que tuviera una alimentación variada y las cenas fueran más tranquilas para todos. Ahora, yo me pregunto: ¿quién ha dirigido a quién en este caso?

Su jefe es la persona más importante en quien puede influir. Recuerde que en su trabajo es el que más puede ayudarle si se lo gana, o el que más puede incordiarle si su relación profesional no es buena. Dirigir a su jefe no sólo es algo posible, sino algo esencial. Al fin y al cabo, usted cuenta con una importante baza de partida a su favor: su jefe es el que más interés tiene en que usted obtenga magníficos resultados, ¡por la cuenta que le trae! Este es un punto que muchos olvidan demasiado pronto y eso hace que uno se concentre más en la cara negativa de la relación con un jefe que en las oportunidades que esta premisa ofrece. A su jefe, aunque a veces puede que no lo parezca, le preocupa enormemente que usted alcance sus objetivos, es más, tiene mucho más interés en ello que cualquiera de los compañeros y empleados que usted tenga.

Hoy en día, en el mundo del trabajo, todos actuamos de forma interdependiente y nuestro éxito depende de muchos otros. Ser capaz de influir eficazmente y ganarse el liderazgo del de arriba es tan importante como liderar a los de abajo. Pero muchos no se dan cuenta de esto y pierden tiempo quejándose de sus jefes, convencidos de que no pueden hacer nada para cambiar las cosas y mejorar su relación con ellos. Tenga siempre presente lo siguiente:

Usted es el dueño del 50% de la relacion
con su jefe, y del 100% de su propia conducta.
Sólo a través de su forma de comportarse
con sus jefes puede ganarse el prestigio
necesario para influir eficazmente en ellos.

Por ejemplo, si trata usted a su jefe como un padre omnipotente, no debe extrañarle que él le trate como a un niño. Si usted no considera a su jefe como uno de los miembros activos de su equipo directo, no se queje si no le hace caso. Si suele esperar a que su jefe le resuelva sus problemas, nunca logrará que le conceda mucha autonomía. Si es de los que protesta abiertamente ante los fallos y las carencias de medios, no debe sorprenderle que el jefe le considere un empleado negativo y problemático.

La utilidad de influir en su jefe mediante el GSM consiste en hacer que el trabajo resulte más placentero y más productivo para ambos. No se trata de convertirse en un «pelota» ni de recurrir a tácticas manipuladoras. Es un plan sincero y directo para mejorar las relaciones profesionales entre ambos, basado en que los dos son individuos adultos movidos por el interés mutuo de cosechar éxitos.

Usted y su jefe tienen mucho en común. Ambos tienen una misión que cumplir, un trabajo que hacer y dependen el uno del otro para que se haga lo mejor posible. Ambos tienen en su personalidad puntos fuertes y débiles, unos más compatibles que otros. Igualmente tienen criterios propios sobre las cosas y hasta cada uno tiene sus manías personales. Observe su forma de actuar, qué le agrada y qué le irrita, qué aspectos domina y cuáles son sus aspectos profesionales más flojos. Igualmente debe aprender a ponerse en su lugar, es decir, a preguntarse a sí mismo: «¿si yo fuera el jefe, qué me parecería que alguien me dijera esto es así, o hiciera esto otro?». Sé de un profesional muy exigente que tras esta reflexión me confesó unos días más tarde: «Sabes, me he dado cuenta de que si yo fuera mi jefe no me aguantaría ni cinco minutos». Aquel trabajador aprendió entonces que no es tan fácil ser un buen jefe y estar siempre a la altura y comprendió que muchas veces perdía «puntos» simplemente por no controlar cómo y cuándo decía las cosas a los *de arriba*.

La pregunta para encontrar el camino para mejorar su capacidad de influir con más eficacia en sus jefes es:

---

*¿Que ha hecho usted últimamente
para ganar prestigio ante su jefe?*

Más de uno se queda estupefacto al escuchar esta pregunta. «¿Cómo que qué he hecho yo? ¿No sería cuestión de qué ha hecho él?»

Pues no exactamente, porque su jefe será como sea, pero usted es un profesional y como tal debe saber manejar su parte del asunto y comportarse de forma más efectiva para ganarse a su jefe, tenga el que tenga. E incluso en el caso de que su jefe no tuviera mucho talento directivo... ¿Qué gana usted comportándose como otro mediocre? ¿Quién es el que más tiene que perder con ello?

Para dirigir al de arriba sólo tiene el poder de influir mediante su calidad de trato, así que aproveche al máximo esa fuerza mediante el GSM. Por muy bueno que sea su jefe seguro que le gustaría mejorar algo de lo que hace: ¿le encarga un trabajo sin darle tiempo a terminar el anterior? ¿Le controla demasiado? ¿Le cita a reuniones de forma imprevista? ¿No le da toda la información o formación necesaria? Pues para corregir estas cosas, comience por decidir exactamente qué quiere que mejore su jefe, es decir, cómo preferiría que actuara. Recuerde que no debe pensar ni escribir lo que no desea que haga, sino *lo que positivamente quiere que sea*.

Por ejemplo:

- Deseo que mi jefe me hable con más tacto.
- Deseo que mi jefe me dedique más tiempo.
- Deseo que mi jefe me dé más autonomía.
- Deseo que mi jefe me avise con antelación de las reuniones.

No se dedique a hacer una lista del jefe ideal. Elija cada vez un solo comportamiento que deba ser modificado para bien de los dos y una vez que haya tomado esta decisión, ya no existirá obstáculo para entrar en acción con la ayuda del GSM: premie a su jefe por cualquier síntoma de cambio positivo. Dicho de otra forma:

Pille a su jefe haciéndolo bien y reconózcaselo abierta y sinceramente.

En este punto, la clave consiste en recompensar a su jefe por cada asomo del tipo de comportamiento que usted desea. ¿Sabe usted que casi nadie felicita ya a su jefe? Por ello, cualquier comentario positivo tras algo concreto bien hecho le sonará a gloria y le condicionará con fuerza a repetir esa forma de actuar, ya que no sólo recogerá su aprecio, sino que se habrá dado cuenta de que los demás están más pendientes de lo que pensaba de cómo lo hace. Esta técnica se llama «conformación» y requiere mucha paciencia y perseverancia, pero es muy eficaz.

Por ejemplo, Alex, el jefe de Mary, tenía la costumbre de interrumpir su trabajo para supervisarla, y eso le fastidiaba tanto que incluso pensó en cambiar de trabajo. Pero cierto día decidió aplicar un poco de GSM antes de tomar una decisión definitiva. Esperó unos días a que le asignara una tarea que pudo terminar sin verse interrumpida. Cuando entró al despacho de Alex para presentarle el trabajo le vio agobiado por unas propuestas que debía terminar. En ese momento captó la oportunidad y le dijo: «Alex, me ha encantado que me hayas dado la confianza dejándome hacer esta tarea sola, de hecho me ha cundido mucho trabajar así. Como me ha sobrado algo de tiempo ¿me dejas que te ayude a terminar alguna de esas propuestas?» Alex no pareció apercibirse, pero de buen grado le cedió parte del papeleo que le tenía al borde de un ataque (premio número uno). Unos días después, aprovechando que un colega de Alex estaba con ellos en una reunión, le manifestó: «Alex cada vez confía más en mí. Y eso es muy importante para mí en un trabajo. Cuando me asigna una tarea me deja libertad para que le demuestre que lo sé hacer, y está disponible si necesito ayuda, así aprendo mucho. A mí me gusta trabajar un poco a mi manera, por eso cada vez hacemos mejor equipo». (Premio número dos). Alex quedó halagado por el comentario, pero a partir de ese día cada vez que intervenía en el trabajo de Mary lo hacía de forma más sutil, de hecho procuraba hacerlo lo menos posible. Mary siguió en su empeño y con el tiempo logró conformar la conducta que necesitaba de Alex.

¿Qué puede hacer usted para premiar a su jefe? He aquí varias ideas:

- Alabe expresamente los puntos buenos de su conducta. También los jefes necesitan estímulos positivos que le animen, pero muchos no tienen a nadie que se los proporcione. Como observó cierto director general: «Ya no estoy seguro de si la gente me sigue o me persigue. Parece que sólo están pendientes de criticar cuando me equivoco, como si yo fuera perfecto o tuviera una bola de cristal». Aplique buenos elogios al buen comportamiento cuando le sorprenda con una buena acción o una buena idea. Si es sobre algo concreto que realmente ha estado bien nunca será peloteo barato, sino *buena capacidad de observación de alguien inteligente*.
- Sea un buen colaborador para su jefe. Coméntele algo del departamento que crea que debería saber (por ejemplo una situación tirante, o que alguien tiene un familiar enfermo, o que es el cumpleaños de uno de los empleados).
- Échele una mano sin que se lo pida. Ofrézcase para descargarle de alguna tarea rutinaria que sabe que le desespera especialmente.
- Propóngale ideas que puedan ahorrar tiempo o dinero, simplificar procesos o mejorar el trabajo. No se queje jamás, limítese a proponer alternativas u ofrecerse para buscar soluciones. Para cualquier jefe, que seguro que estará inmiscuido

154

en multitud de problemas que ya procura que no trasciendan a su equipo, no hay nada más molesto e irritante que un «quejica llorón» que sólo plantea lo malo y siempre ve las pegas a las ideas de los demás sin aportar una sola solución. Curiosamente muchos de estos profesionales piensan de sí mismos que «son los únicos que se atreven a decir las cosas como son» cuando la realidad es que, por su forma de intervenir, sus jefes los consideran «los negativos inaguantables que siempre están incordiando». ¿En que lado suele estar usted, en el de los que aportan o en el de los que protestan? ¿En los que apoyan o los que se quejan? ¿En los proactivos o los reactivos?

- Ayúdele a iniciar a nuevos empleados que se incorporen al departamento.
- Cuando todos vean claro un defecto de su jefe, espere el momento oportuno y dígale en confianza que esa forma de actuar está perjudicando a su imagen y prestigio ante el equipo.
- Y no olvide que si los resultados que está consiguiendo le avalan: consiéntale alguna manía que tenga y asúmala de una vez. No pretenda que su jefe sea perfecto así que, si las cosas van bien y es un buen jefe, aprenda a consentirle su «pequeño defecto» y perdóneselo sin más.

Usted no tiene en su mano la oportunidad de ofrecerle a su jefe un ascenso, una prima o una participación en las acciones de la empresa, pero puede ofrecerle muchas más cosas. El acierto con que lo haga puede ser determinante para el éxito de ambos. Muchas veces no logrará la conducta que desea. Cuando esto suceda, cálmese y no haga caso. Quizás algún día sea usted el jefe que todos mirarán con lupa, así que concéntrese en pedir y hallar comportamientos positivos y sea generoso en recompensar a su jefe en caso de conducta adecuada.

En resumen: para usted el éxito y su bienestar profesional dependen mucho de que sepa relacionarse mejor con la persona de quien depende. Y el éxito de la dirección de su jefe consiste en edificar sobre los puntos fuertes que ambos aportan a esa relación y esforzarse en eliminar o compensar lo malo. No delegue esto a su jefe, actúe decididamente en mejorar su influencia, demuéstrele que tiene un colaborador valioso y positivo, que no se conforma con lo que va mal y habla siempre aportando soluciones y apoyando. Hágase valer y «obligue» a su jefe a comportarse mejor mediante el elogio del acierto.

Si un colaborador suyo le dijera de forma sincera: «Jefe ha sido estupenda la reunión de ayer, lo hemos comentado todos, es la primera vez que acabamos a la hora. He tenido muy pocos jefes que cuidaran esas cosas». ¿Cómo se sentirá la próxima vez que vea que una reunión con ese equipo puede acabar demasiado tarde? Posiblemente la abrevie como sea por no «hacer el ridículo» y defraudar a un colectivo tan observador. Como ve, el GSM es muy potente, incluso hacia arriba.

Epílogo

Ahora ya conoce el Gran Secreto de la Motivación de personas. Cuando le extrañe por qué se hacen las cosas de determinada manera, hágase la pregunta mágica y todo quedará claro. Y lo que es más importante, podrá ejercitarse en la práctica del GSM mientras mejora la vida de los que interactúan con usted, ya sean sus colaboradores, su jefe e incluso en su propio entorno personal.

Porque al fin de cuentas, la base de todo esto es que:

Todo el mundo trabaja con más ganas
y de forma más inteligente cuando tiene algo
que ganar con ello.

Resumen final

Los fundamentos:

- Sólo se hacen con implicación aquellas cosas que nos deparan una compensación.
- Para obtener los resultados deseados, hágase la pregunta mágica: ¿Qué debo recompensar?

Recompensas:

1. Dinero
2. Elogios
3. Tiempo
4. Un trozo del pastel
5. Tareas preferidas y trato de calidad
6. Promoción
7. Autonomía
8. Formación
9. Diversión
10. Regalos

Recuerde siempre que al recompensar,
el cómo se da, es tan esencial como lo que se da.

RECOMPENSE:	EN VEZ DE:
Soluciones sólidas	Chapuzas de urgencia
Atrevimiento	Cautela excesiva
Creatividad e innovación	Conformismo
Acción decisiva	Parálisis por el análisis
Trabajo inteligente	Mera laboriosidad aparente
Simplificación	Complicación inútil
Eficacia	Bisagras que rechinan
Trabajo de calidad	Trabajo rápido
Lealtad	Rotación de los buenos profesionales
Colaboración en equipo	Trabajar unos contra otros.